지도자들

이 책의 집필에 참여하신 분들

박원복, 이한규, 하수정, 이동기, 이은정, 박기덕, 안병진

*자세한 필자 소개는 각 글의 맨 뒤에 실려 있습니다.

지도자들
— 성공과 실패의 역사에서 찾는 리더의 조건

1판 1쇄 인쇄 2013년 6월 7일
1판 1쇄 발행 2013년 6월 14일

엮은이 『역사비평』 편집위원회
펴낸이 정순구
책임편집 정윤경
기획편집 조수정 박지석
표지 디자인 조원식
마케팅 황주영

출력 한국커뮤니케이션
용지 한서지업사
인쇄 한영문화사
제본 우진제책사

펴낸곳 (주) 역사비평사
등록 제300-2007-139호(2007. 9. 20)
주소 110-260 서울시 종로구 가회동 173번지 3층
전화 02-741-6123~5
팩스 02-741-6126
홈페이지 www.yukbi.com
전자우편 yukbi@chol.com

© 역사비평사, 2013
ISBN 978-89-7696-542-4 03990

지도자들

성공과 실패의 역사에서 찾는
리더의 조건

『역사비평』 편집위원회 엮음

역사비평사

서문

투우 구경꾼들이 자리를 잡고 있다.

거대한 광장을 **빽빽**이 메운 채

그러나 황소와 싸우는

단 한 사람은 바로 그다.

— 도밍고 오르테가(1906~1988, 스페인의 전설적인 투우사)

쿠바 미사일 위기가 정점으로 치닫고 있던 1962년 10월 16일, 미국 대통령 존 F. 케네디는 잔뜩 긴장한 언론사 편집장들 앞에서 한가하게도 투우사 오르테가의 시를 읊었다. 쿠바에는 미사일 기지가 건설되고 있었고, 소련의 항구에서 출발한 열여섯 척의 미사일 적재 선단이 다가오는 중이었다. 군부의 강경파들은 선제공격을 내세우며 이 허약한 비주류 대통령을 윽박질렀다. 자신의 결정 하나가 인류 파멸의 핵전쟁을 초래할 수도 있는 위기였다.

케네디는 오르테가처럼 외로워서 시를 읊었다. '무한히 정치적인 외로움'에 몸서리를 쳤다. 그는 쿠바 해상 봉쇄 작전을 직접 지휘했다. 현장에서의 사소한 실수도 곧장 파국으로 이어질 수 있었다. 아무도 믿을 수가 없었다. 긴박한 해상 대치 끝에 소련은 쿠바를 침공하지 않는다는 미국의 약속을 받고 선단을 철수시켰다. 이렇게 쿠바 미사일 위기는 종결되었다.

잠시 숨을 고르고 시점을 조금만 앞으로 돌려보자. 그해 2월 10일, 케네디는 백악관 집무실에서 『뉴욕타임스』와 대담을 가졌다. 대담이 끝나고 기자들이 나가자, 그는 서서히 일어나 창가로 향했다. 등을 보이고 책상에 두 손을 짚은 다음 고개를 숙인 채 생각에 잠긴 듯했다. 아직 집무실을 빠져나가지 않았던 베테랑 사진기자 조지 테임스가 그 뒷모습을 한 장의 사진에 담았다. 감각 있는 『뉴욕타임스』는 미사일 위기의 와중에 이 사진을 게재했다. '가장 외로운 직업(The Loneliest Job)'이라 명명된 이 사진은 업계의 전설이 되었다.

지도자라는 직업은 매우 외롭다. 세계의 무게를 자신의 어깨로 버텨야 한다는 중압감에 사무치게 외롭다. 따라서 이

외로움을 직시하고 수긍하고 처리하는 것은 지도자에게 필수적인 자질이다. 프랑스의 마르크스주의 철학자 루이 알튀세르는 『마키아벨리의 고독』에서 '무한히 정치적인 외로움'에 대해 이렇게 논한다. 새로운 역사적 과제를 수행해야 할 군주(정치 지도자)는 그 자신의 근원에서 뿌리 뽑히고 단절되어야 하며, 현재의 정치 지형으로부터 돌이킬 수 없이 단절되어야만 한다. 전적으로 새로운 역사적 과제를 수행하려는 군주, 정치 지도자는 오직 이러한 고독, 이러한 자유를 부여받을 때만 새로울 수 있다.

이 책에 실린 일곱 명의 정치 지도자들 또한 틀림없이 외로운 순간이 있었을 것이다. 그들 앞에는 각자의 시간과 공간 속에서 태어난 새로운 과제들이 놓여 있었다. 어떤 이들은 기꺼이 고독을 감내하면서 새로운 길로 걸어간 반면, 어떤 이들은 익숙한 옛 정치의 세력 관계 속에 안주했다가 역사 속으로 퇴장당했다. 이 책에 실린 글들은 이 지도자들이 부딪힌 내면적 고독에 대한 영웅심리학적 분석이 아니라, 새로운 난제 앞에 선 그들의 선택과 결단을 그들이 직면했던 시대적 과제와 정치 지형 속에서 조망하는 역사적 관찰기다.

헤게모니 국가의 지도자부터 살펴보자. 클린턴에서 부시로의 미국 대통령의 교체는 지구적 차원에서 재앙에 가까운 충격을 낳았다. 선량하고 단순한 캐릭터 부시는 국내와 국외 모두에 걸쳐 이 세상을 선과 악의 단순한 도덕적 이분법으로 구획한 다음, 극단의 대결로 몰아갔다. 미국 대중들은 이 공포의 정치에 환호했고, 공화당은 풀뿌리에서부터 기반을 넓혀나갔다. 미국 민주주의가 쌓아온 견제와 균형의 원리는 부시의 시대에 무너졌다. 온건한 전략으로 중도층을 획득해야 이긴다는 정치공학의 진리를 무시한 이 정치적 극단주의는 어떻게 연속으로 승리할 수 있었을까? 그 승리의 배경으로 클린턴이 만들어놓은 약탈적인 시장주의와 군사적 개입주의의 이율배반이 지목되고 있다. 부시는 클린턴이 뿌린 씨앗을 수확했을 따름이다. 영구혁명론처럼 민주주의에도 영구적인 혁신이 필요하다는 주장이 남의 일처럼 여겨지지 않는다.

계급, 인종, 종교, 지역과 같이 오만 가지 범주로 분열된 사회에서 각국의 정치 지도자들은 자신의 생물학적 출신 집단과 정치적 준거 집단 사이에서, 혹은 지지자의 요구와 국민적 요구 사이에서 갈등을 경험한다. 살펴보자. 소수 과두 엘리트 집단에게 장악당한 1960년대 필리핀에서는 국가의 집단적 합리성을 되살리는 것이 중요한 과제로 떠오르고 있었다. 마르코스는 광범위한 계급 연합(신사회 연합)을 통해 이 과두제를 타파하겠다고 약속했지만, 그 약속은 비열하게 배신당했다. 마르코스는 자신의 출신 계급을 배신하는 대신 민중을 배신했던 셈이다. 한편, 스웨덴 총리 팔메는 반대로 출신 계급을 배신했다. 부르주아 가문 출신인 팔메는 계급의 배신자라는 비난을 감수하며 노동권과 경제 민주화의 진전, 세계 평화의 실현에 앞장섰다. 결단력과 실천력이 남달랐으니 카리스마가 넘친다고 칭송받았지만, 합의 전통이 강한 스웨덴 사회를 분열시켰다는 비판도 뒤따랐다.

이 배신자의 목록에 남아프리카공화국의 만델라를 추가해도 좋을까? 4개의 인종, 11개의 흑인 종족, 엄청난 실업률, 백인 자본의 이탈, 끔찍한 빈곤, 경제적 차별의 즉각적 시정 요구, 백인 지배가 낳은 역사적 범죄의 해결이라는 문제 등등, 신생 남아공 앞에 놓인 과제들은 하나같이 터무니없이 어려웠고 미증유의 것들이었다. 흑인 만델라는 흑인 '다수'의 정치가 아니라 헌법을 중심으로 한 '모두'를 위한 정치를 추구했다. 신생 공화국의 분열을 막은 데서 그의 지도력은 한없이 빛났지만, 역사의 정의 실현은 용서와 화해라는 슬로건 속에서 희미해졌다. 어떤 것도 완전히 옳은 것은 없다.

그래서일까? 브라질의 룰라 대통령은 아무도 배신하지 않으려 했다. 그는 글로벌 자본에게 다짐한 대로 전임 정권 시절의 신자유주의의 틀을 무너뜨리지 않았다. 대신 확대하지도 않았다. 자신을 지지한 노동자와 빈곤층을 위해 가난과의 싸움, 재분배 정책에 전력을 기울였다. 종종 양편 모두에서 비난을 받았다. 그는 지구상에서 가장 행복한 대통령으로 퇴임했지만, 이 위태로운 줄다리기가 다른 곳에서도 성공할 수 있을까?

서독 총리 브란트와 터키 대통령 아타튀르크의 정치 역정은 한국 근현대사와 농밀한 친연성을 갖는다. 브란트 앞에는 자유방임 자본주의와 전체주의적 공산주의에 맞서서 민주사회주의를 실현해야 한다는 과제와, 나치 과거사를 극복하고 서독을 국제무대에 복권시켜야 한다는 과제, 독일의 통일을 회복해야 한다는 과제가 동시에 주어져 있었다. 그는 때로는 급진적인 요구를 수용했지만, 때로는 반공주의를 실천했다. 정체성이 모호한 기회주의자라는 비판이 따랐지만 끝내 도그마를 거부했다. 당내 세력도 없었고 카리스마도 없었지만, 대신 토론하고 또 토론했다. 끈기와 집요함으로 그는 통일된 현대 독일의 초석을 놓았다.

터키의 국부로 추앙받는 아타튀르크는 한국 사회 일각에서 곧잘 박정희와 비견하고 싶어 하는 인물이다. 군인 출신 독재자였으되 터키의 근대화에 큰 공을 세운 인물이니 그럴 법도 하다. 그는 연합국의 침공으로부터 조국을 구한 전쟁 영웅이었으며, 오스만제국의 낡은 봉건제를 타도하고 이슬람의 세속 지배를 금지한 근대화와 서구화의 지도자였다.

그러나 다른 한편 그는 야당을 금지하고 쿠르드족을 탄압한 독재자였다. 완고한 가부장주의자임에도 여성의 인권 신장을 정력적으로 추진했으며, 종신 대통령을 거절하고 자신에 대한 우상화를 금지시킨 인물이기도 하다. 몇 마디로는 도저히 정의할 수 없는 복합적인 인물이니, 직접 읽어보고 박정희와의 비교가 가당한 일인지 따져보시기 바란다.

따지고 보면 여기서 거론된 지도자들 중 누구 하나 복합적이고 모순적이지 않은 인물이 없다. 이 민주주의의 시대에, 민중의 정치적 주체화가 무엇보다도 중요한 시기에, 우리가 그들의 모순에 찬 삶이나 고독 따위를 이해하는 것이 얼마나 가치 있는 일일까? 이들의 사례를 아무리 열심히 읽어도 우리가 따라야 할 정치의 일반 법칙 같은 것은 도출되지 않는다. 우리는 그저 개별적 인물들과 그들을 둘러싼 구체적 진실만을 배울 뿐이다.

『군주론』의 헌정사에서 마키아벨리는 자신의 집필 의도를 이렇게 밝히고 있다. "산이나 다른 높은 곳의 모습을 파악하기 위해서는 아래로 내려가고, 낮은 곳의 모습을 그리기 위해서는 산 위로 올라가야 하듯, 민중의 성격을 잘 이해하기 위해서는 군주의 입장에 서볼 필요가 있고, 군주의 성격을 잘 이해하기 위해서는 평범한 민중의 입장에 서볼 필요가 있다." 지도자의 입장에 서보는 것은 민중이 자신의 성격을 이해하기 위한 대자적 계기다. 그들의 무한한 정치적 외로움에 공감해보면서 정치적 주권자가 감당해야 하는 책임의 무게를 체감할 수 있기를 바란다. 민중이 스스로 통치하기 위해서는 스스로 통치자가 된 것처럼 상상하고 훈련받지 않으면 안 된다. 이 책이 궁극적으로 바라는 정치적 효용이 여기에 있음을 밝히면서 서문을 마무리한다.

—조형근(『역사비평』 편집위원)

지도자들 _ 성공과 실패의 역사에서 찾는 리더의 조건

지도자들

룰라

신자유주의 시대, 가난과 맞서 싸우다

"결정적인, 엄밀히 말해 거의 직관적인 혁신이 일어나 룰라와 그의 정부를 성공으로 이끌었다. 그것은 바로 상상력이었다."
—쟈니우 프레이타스

"지구의 절반은 배고파 죽어가고 있는데 나머지 절반은 살을 빼느라 다이어트하고 있다."

이 말은 2003년 룰라Luiz Inácio Lula da Silva(1945~)가 대통령직에 오른 지 얼마 되지 않아 한 국제회의에서 한 말이다. 룰라는 페르난두 엥히키 카르도주Fernando Henrique Cardoso가 대통령으로 있을 때 야당 정치가로서 '브라질은 5,000만여 명의 사람들이 다음 식사를 언제할지 모르고 살아가는 나라'라면서 긴급 처방을 강력히 요구한 바 있었다. 이에 카르도주는 그 수치가 과장되었다면서 배를 곯는 브라질 국민의 수는 3,500만 명 정도라고 대답했다. 어쨌든 15년 전쯤의 브라질은 참으로 암담한 상황이었다.

신자유주의의 신봉자였던 카르도주 대통령 임기 2기 시절, 그러니까 브라질이 IMF로부터 긴급 구제금융 435억 달러를 받은 지 3년이 지날 무렵이던 2002년, 필자는 브라질에 가본 적이 있다. 상파울루 메트로폴리탄의 광장과 지하철역 주변에는 노숙자들이 즐비했다. 그들의 눈빛과 표정에 스며 있던 배고픔, 그리고 지나가는 사람들을 바라보는 그들의 눈길은 슬픔을 넘어 차라리 공포를 안겨주었다.

하지만 룰라가 마지막 연임 임기를 마치던 2010년 2월에 다시 브라질을 방문했을 때, 상황은 엄청나게 달라져 있었다. 시내 곳곳의 쇼핑센터는 소비자들로 넘쳐났고, 거리에서는 더 이상 노숙자들을 찾아볼 수 없었다. 남쪽에서 북쪽까지 어느 지역을 가봐도 휴대폰을 가지고 있지 않은 사람이 없었다. 2011년 기준으로 브라질 인구는 약 2억 명이었지만 가입된 휴대폰 수는 2억 5천만 대였다. 과연 이 나라가 브라질이 맞는가 싶을 정도였다. 이제 브라질이야말로 "살을 빼느라 다이어트"를 하는 국가가 된 것은 아닌가 싶었다.

어떻게 이런 변화가 가능했을까? 그 해답의 상당 부분은 2003년부터 2010년까지 대통령직을 연임한 룰라에게서 찾을 수 있다고 생각한다. 룰라의 집권 기간 동안의 성과와 과실에 대해서는 이미 각종 수치들을 동원한 많은 연구들이 있었기에, 여기에서는 가급적 룰라의 통치가 성공적이었다는 평가를 받게 된 근본적인 이유와 그의 리더십에 집중해서 살펴보고자 한다.

그러기 위해서 먼저 첫 줄에서 언급한 "지구의 절반은 배고파 죽어가고 있는데 나머지 절반은 살을 빼느라 다이어트하고 있다"라는 말부터 살펴보자. 이 표현에는 룰라가 대한민국 영토의 약 87배에 달하는 '대륙' 브라질을 통치했던 8년 동안의 대내외 정치·경제·사회적 상황과, 그 기간에 브라질이 거쳤던 각종 변화들, 그리고 룰라가 추진한 정책의 핵심 내용들이 고스란히 담겨 있기 때문이다. 다시 말해, 이 표현은 룰라 자신의 찢어지게 가난했던 시절 외에도, 크게는 포르투갈인들의 지배로 시작되었던 기나긴 식민 착취 역사(1500~1822)와 혹독한 군부 독재(1964~1985), '잃어버린 10년'의 1980년대, 빈부의 격차 등을 상기시킨다. 뿐만 아니라 20세기 말 워싱턴 컨센서스 이후 신자유주의 팽창에 따른 각종 문제점들을 룰라가 어떻게 바라보았는지, 그리고 룰라가 추진한 정치·경제·사회 정책들의 뿌리는 무엇인지를 잘 보여주는 말이기도 하다.

빈곤과 기아, 수렁에 빠진 브라질

룰라 대통령이 집권하기 전, 20세기 후반의 브라질이 처해 있던 국제 정세는 크게 구 러시아와 동구 유럽의 붕괴, 그리고 '사회주의 종말'을 반기며 새로운 세계 질서 형성에서 헤게모니를 장악하려는 신자유주의의 전 지구적 팽창으로 요약된다. 특히 제3세계 국가들에서 위기가 발생할 경우, 그것을 구조조정의 빌미로 삼아 미국식 시장경제 체제를 수용케 하여 신자유주의를 전 세계로 확산시킨다는 전략이 지구촌 곳곳에서 활발하게 전개되던 시기였다.

많은 사람들이 이제 사회주의는 자본주의의 틀 안에서 보다 "교양 있는" 길을 모색하는 일만 남았다고 말했으며, 세계 곳곳의 진보 좌파들은 자본주의 질서와 신자유주의에 대항하는 유일한 방안으로 사회민주주의를 수용하기 시작했다.[01]

이무렵 브라질은 국내적으로도 매우 힘들고 복잡한 시기를 겪고 있었다. 정치적으로는 1964년부터 1985년까지 군부 독재가 지속되었으며, 경제적으로는 민정으로 넘어오던 과도기에 초인플레이션을 겪으면서 이른 바 '잃어버린 10년'을 경험해야 했다. 룰라의 노동자당(Partido dos Trabalhadores, PT)이 창립되었던 1980년은 혹독했던 군부 독재 시대의 한복판이었지만, 인플레이션은 99.27%에 머물고 있었다. 하지만 군정이 종말을 고한 1985년의 인플레이션은 연 242%에 달했으며, 민정이 들어서고 4년이 지난 1989년에는 1,972.19%, 그리고 카르도주의 일명 '리얼 플랜(Plano Real)'이[02] 실시되기 1년 전인 1993년에는 무려 2,477.15%라는 초인플레이션에 이르렀다.[03] 그러니까 정치적으로는 민주화로 숨통이 트였지만 경제적으로는 숨조차 제대로 쉴 수 없는 상황이 이어졌던 것이다.

단적인 예로, 브라질은 1986년과 1990년 총 두 차례의 화폐 개혁을 통해 100만 원이 1원이 되는 혹독한 인플레이션 상황을 겪었다. 특히 1986년, 화폐 개혁과 물가 및 임금 동결, 실업 보험 창안 등을 주요 골자로 한 크루자두 계획(Plano Cruzado)이 오래가지 못하면서 사르네이 정부는 결국 1987년 1월 28일에 모라토리엄을 선언하고 말았다. 그의 집권 5년 동안 전국적으로 크고 작은 파업이 4만여 건을 넘었다. 군부 독재 시절에 억눌렸던 국민들이 자유를 만끽하기도 전에 고달픈 삶에 직면한 것이었다.

그 이후에도 여러 차례 경제 안정화 정책이 추진되었지만 국민들의 삶에는 주름만 깊어갔다. 1980년대 내내 빈익빈 부익부 현상이 더욱 가속화되었고, 은행들은 고율의 금리를 통해 엄청나게 배를 불렸으며, 기업들은 설비 투자를 거의 하지 않아 다가올 변화에 무방비 상태로 있었다. 1934년 스테판 츠바이크가 말한 '미래의 나라, 브라질'은 악몽의 나라로 변해버렸고, 국민들의 자긍심은 바닥에 머물렀다. 그토록 밝고 낙천적이었던 브라질 국민이 비관주의라는 깊은 수렁에 빠져든 것이다.

게다가 사르네이를 이어 대통령이 된 페르난두 콜로르 지 멜루Fernando Collor de Melo는, 1960년 신수도 브라질리아를 건설하여 국민의 어버이로 추앙받았던 발전주의자 주셀리누 쿠비체크Jucelino Kubitschek를 롤모델로 새로운 시대를 열겠다고 공언했지만, 선거자금 모집과 관리를 담당했던 페 쎄 파리아스

C. Faria의 온갖 비리 때문에 집권 2년 만에 탄핵당하고 말았다. 이에 부통령 이타마르 프랑쿠Itamar Franco가 대통령직을 승계하면서 사회학자이자 종속이론의 대가 페르난두 엥히키 카르도주를 재무장관에 기용, '리얼 플랜'을 실시함과 동시에 신자유주의적 정책을 과감히 실행했다. 인플레이션은 급속도로 낮아져 한 자리 숫자로 내려갔으며, 이를 계기로 카르도주는 룰라를 제치고 대통령에 당선될 수 있었다.

하지만 1999년 결국 카르도주 정부 역시 IMF 긴급 구제금융을 받게 되는 상황에 내몰렸다. 외국에서는 그를 신자유주의의 화신으로 환대했지만, 그는 집권 8년 동안 자국민의 삶을 황폐하게 만들고 말았다. 이는 룰라가 네 번째 대선 도전에 나서는 계기로 작용했다. 실제로 룰라가 네 번째 대선을 치르던 2002년 당시, 브라질 국민 중 2,400만 명이 극빈층이었으며 월 소득이 최저임금의 절반인 사람만 5,500만여 명에 이르렀다. 그리하여 2003년 대통령 취임 연설에서 룰라는 "만일 제 임기 말에 브라질 국민 각자가 하루 세 끼를 먹을 수 있게 된다면, 저는 제 평생의 소임을 다한 것"으로 여기겠다고 말했던 것이다. 뜻 깊은 취임식 연설에서 기아 퇴치를 국정 지표이자 목표로 삼겠다고 공언한 것은, 그만큼 가난과 굶주림의 문제가 절박했으며 그것이 향후 8년간 그의 정책에서 큰 자리를 차지할 것임을 천명하는 의미였다.

▲ 룰라는 2002년 10월 28일 브라질 대통령 선거에서 5,200만 표를 얻어 대통령에 당선
되었다. 사진은 룰라 정부 1기가 시작된 2003년 1월 1일의 취임식 장면이다.

'좌파 대통령', 중산층을 끌어안다

룰라가 네 차례의 도전 끝에 대통령직에 오를 수 있었던 배경에는 여러 가지가 있지만, 우선 상대 여당 후보였던 주제 세하$^{José Serra}$의 독단적인 이미지와 그를 지원했던 당시 대통령 카르도주 정부의 각종 실정이 큰 영향을 끼쳤다.

이미 언급했듯이 카르도주는 재무장관 시절 '리얼 플랜'을 통해 악성 인플레이션을 안정시키면서 정부 역할 축소와 시장 중심의 경제 정책, 국가 부채의 적으로 꼽히던 방만한 공기업들의 민영화 등 일련의 신자유주의 정책을 추진했다. 그로 인해 국가 재정이 건전해졌으며 일명 '브라질 리스크'도 크게 낮아져 외국 자본의 진출이 눈에 띄게 늘어났다. 룰라를 비롯한 야당 인사들과 좌파 사회학자들이 고용의 불안정을 야기하고 알토란 같은 공기업들을 재무 건전화라는 명목으로 외국 자본에게 헐값에 넘겼다고 맹비난했지만, 어쨌든 카르도주 재임 시절 인플레이션은 한 자리 숫자로 내려갔고 경제도 안정된 모습을 보이기 시작했다.

그러나 오늘날 신자유주의가 야기하고 있는 문제점들 가운데 하나인 빈부의 격차는 갈수록 커졌다. 종속이론의 대가이기도 했던 카르도주는 취임 직후 자신이 대학 교수 시절 썼던 글들은 잊어달라고 말했다. 그만큼 그에게 이론과

현실은 괴리가 컸던 모양이다. 종속이론의 대가에서 신자유
주의 옹호자로 변신한 카르도주는, 분배에서도 성장과 능력
우선주의를 내세웠다. 그의 경제·사회 정책들은 모두 여기
에 초점이 맞춰졌다. 예를 들어, 그는 빈곤층 구제를 위해 그
들에게 물고기를 나눠주는 것보다는 물고기 잡는 법을 가르
쳐야 한다고 말했다. 이에 대하여 이론을 제기할 사람은 별
로 없을 것이다. 하지만 물고기 잡는 법을 가르치려면 일단
빈곤층을 학교 또는 기타 교육 기관으로 유도하거나 찾아가
서 가르쳐야 하는데, 당시의 브라질 사정상 그것은 불가능에
가까웠다. 그가 2기 임기를 시작하던 1999년 당시, 전체 국
민의 29.9%가 최저임금을 받으면서 하루에 한 끼 먹고살기
도 힘들었다. 그들에게 직업 교육을 받으라고 종용하거나 자
녀를 노동시장이 아닌 학교로 보내라고 하는 것은 설득력이
없었다. 아니, 브라질은 이미 그 단계를 넘어 최악의 상황으
로 진입하고 있었다.

이런 상황에서 룰라는 2002년 선거에 출마하여 자신의 목
표가 국민 모두 하루 세 끼를 먹는 것이라고 힘주어 말했고,
동시에 자신이 대통령이 되더라도 1999년 말 긴급 구제금융
제공 당시 IMF가 제시한 여러 조건을 성실히 수행할 것이
라고 공언했다. 카르도주가 수용했던 IMF의 조건이란 부실
공기업의 민영화를 통한 재무 구조 개선, 4~5%대의 인플레

이션 유지 등을 골자로 하는 것이었다. 이는 노조위원장으로서, 세 차례 대권에 도전했던 야당의 대표 인사로서, 그리고 그가 각인시킨 좌파로서의 이전 발언과 매우 거리가 멀었다. 그의 발언에 대해 노조와 일부 노동자당 인사들, 그리고 여타 좌익 정당들은 공격을 퍼부었지만, 룰라는 이미 세 차례 대선을 치르면서 이번 대선이 마지막 도전임을 알고 있었고, 또 그것이 브라질을 위한 유일한 대안임을 잘 알고 있었다. 여타 정치인들이나 야당들이 비아냥거렸지만, 그 수준은 이전과 사뭇 달랐다. 왜냐하면 실제로도 IMF의 조건을 성실히 이행한다고 약속하는 것이 유일하게 현실적인 해결책이었고, 룰라를 공산주의 좌파로 보며 표를 던지길 주저하던 많은 중산층을 끌어안을 유일한 길이었기 때문이다. 룰라가 당선되면 브라질 기업인 40만여 명이 미국으로 떠날 것이라는 예언이 신문에 크게 실리던 시기였던 만큼, 늘 20~25%의 저소득층 표만 받아오던 룰라에게 부르주아 중산층 흡수는 필승의 대안이었다.

약속한 대로 룰라는 대통령이 된 뒤 전임 카르도주 정부가 추진했던 신자유주의 정책의 골격을 그대로 유지했다. 정확히 말해, 그는 기존의 신자유주의 정책을 카르도주 정부선에서 중단시키면서 좌파로서의 이념을 가미했다. 카르도주 정부의 신자유주의 정책은 감세를 통한 재화 및 서비스

▲ 2009년 2월, 브라질 석유 기업 페트로브라스의 회장과 함께 산업 현장을 둘러보고 있는 룰라 대통령.

의 국내 공급 확대, 그리고 국내의 실질 고금리와 환율 평가 절상 등으로 국가 경제의 활성화를 꾀하는 것이었지만, 결과적으로 이는 국내 생산 부문의 탈산업화를 야기했으며 그 결과 90년대 하반기 국가 경제의 성장은 급속도로 위축되었다. 게다가 수입이 늘고 수출은 감소하여 국내 소득이 해외로 빠져나간 반면, 공식 고용은 확대되지 못했다. 공급이 확대되면 고용과 소비가 늘어나 그것이 투자를 확대시키고, 결국 지속 가능한 경제 성장을 유지할 수 있을 거라고 생각했지만, 그 결과는 정반대로 1999년 IMF의 긴급 구제금융 수혈로 이어지고 말았다.

그런 상황에서 룰라 정부는 과거와의 단절을 추구했다. 국내 시장을 국가 경제의 역동성을 담보하는 주요 원천으로 탈바꿈시킴과 동시에 무역 적자를 흑자로 바꿔놓았다. 이를 위해 룰라 정부는 국가의 운영과 실무 관리를 점진적으로 강화했으며, 민영화를 중단시키면서 공공 투자를 재조정하고 민간 부문의 기대치를 조정·관리하는 계획을 재개했다. 그 직접적인 결과는 부의 금융화라는 거시경제로부터, 인프라 공사들의 생산성 우선주의, 그리고 인플레이션을 야기하지 않는 수준에서의 소비 증가, 특히 저소득층의 소비 증가와 조화를 이룬 내수 생산의 확대 쪽으로 정책의 기조를 바꾼 것이었다.[04] 최저임금의 상향 조정과 금리 인하, 그리고 보우사 파밀리아Bolsa Família[05] 같은 가족 기금 프로그램의 실행을 통해 약 1,270만 저소득층 가구를 소비시장으로 이끌어 내수를 살렸고, 2008년 국제 금융위기에서도 쉽게 빠져나올 수 있었다.

룰라의 이런 변신을 놓고 국내에서는 찬반양론이 비등했다. 노동자당 안에서도 좌파와 우파가 대립했다. 특히 만성적인 공공적자의 주범으로 꼽히던 복지 및 사회보장 제도의 개혁을 두고 두 파가 첨예하게 대립했다. 좌파는 사회주의자들로서 경제에 대한 정부의 강력한 개입, IMF와 외국 은행 배제, 진정한 소득의 재분배 등을 요구했다. 반면 우파 인사들은 국제 자본주의와의 평화로운 공존을 선호하는 사람들로서, 세계 경제의 흐름을 수용하되 국가의 발전을 위해서는 시스템을 정비하여 그 목적에 맞게 운용해야 한다고 주장했다. 이들 두 파는 결국 룰라의 1기 정부에서 추진하던 복지 및 사회보장 제도의 개혁을 두고 첨예하게 대립하다가, 급기야 좌파 6명이 당명에 불복했다는 이유로 축출되기에 이르렀다. 사실 룰라는 카르도주 정부가 완결하지 못한 복지 및 사회보장 제도의 개혁이 국가 재정의 건전화에 더 없이 중요하다고 판단하여, 노동자당 인사들을 설득하는 것은 물론이고 야당 정치인들과도 적극적인 협상을 시도했다. 그는 공무원, 은퇴 법관, 전역한 군 장교에게 엄청난 혜택을 주던 기존의 연금법을 고쳐 군 장교의 은퇴 연령을 60세로 상향 조정하는 대신 연금 상한선을 낮추는 개혁 법안을 의회에서 통과시켰다. 룰라는 각종 개혁을 위해 최대 의원석을 확보하고 있던 브라질민주운동당(PMDB)의 도움이 절실했기에, 야당 시절 부패의 온상이라고 강력하게 성토했던 PMDB의 주제 사르네이 전 대통령과도 긴밀한 관계를 유지했으며, 그런 노력마저 역부족일 때는 대통령령을 적극 활용했다.

물론 노조의 반발은 거셌지만 예전과는 판이하게 달랐다. 그는 대통령이 된 뒤 21,000여 개의 신임직(cargo de confiança)을 신설하여 그 자리에 대부분 노조나 NGO 리더들을 영입했다. 그리하여 노조나 NGO들의 각종 정책과 아이디어들이 제도권으로 흡수될 수 있는 여건이 마련되었고, 또 실제로 이들의 주장이 룰라 정부의 정책에 상당수 반영되었기에, 룰라의 임기 8년간 노조와의 관계는 상당히 부드럽고 평화로웠다.

이러한 상황들과 그가 살아온 삶을 고려해보면, 룰라는 결코 고집불통의 이데올로기 신봉자가 아니라 상황 적응력이 뛰어난 인물임을 알 수 있다. 그는 1978년 야당 시절, 지금의 쿨투라TV(TV Cultura)에서 좌담회를 하던 중에 사회자가 "당신은 공산주의자요?"라고 물었을 때 "난 수도꼭지를 만드는 선반공이요"라고 답한 적이 있다. 룰라의 형 쉬쿠는 브라질공산당(PCB)의 골수 당원이었지만, 룰라는 형이 공산주의를 얘기할 때마다 공산주의 이념 서적을 보느니 차라리 신문이나 축구 중계를 보겠다고 말했다 한다.

또 이런 일화도 있다. 그가 금속노조 위원장으로 있던 당시 파업이 일어나 사주들과 협상이 벌어지면, 사주들은 대부분 협상 대상자로 룰라를 선호했다고 한다. 그들은 룰라를 '최선의 해결책이 없으면 차선책을 찾을 줄 아는 합리적인 인물'이라고 호평했다. 또한 그는 처음 금속노조 위원장에 당선되었던 1975년에 노조원의 92% 찬성으로 그 자리에 올랐으며, 재선 때인 1978년에는 98%의 찬성표를 얻었다. 이것은 무엇을 의미할까? 이해관계가 첨예한 파벌들이 집결한 노조에서 그런 압도적인 지지를 얻었다는 것은, 그가 이념을 떠나 실용주의자로서 상대방과 늘 대화하고 타협할 줄 아는 인물이었음을 의미한다. 실제로 그는 대통령이 된 직후한 TV와 가진 인터뷰에서 다음과 같이 말했다. "정치의 길은 인내와 상호 양보, 그리고 상대방에 대한 이해를 요구합니다. 또한 정치의 길은 우리가 끝까지 타인의 의견을 귀담아들을 것을 요구합니다. 그 이유는 오로지 그래야만 서로의 이해관계를 조율하고 조화시킬 수 있기 때문입니다."

'가난'과의 싸움

8년의 집권 기간 동안 그가 추진한 경제·사회적 핵심 정책들의 특징은 '가난과의 싸움'으로 요약될 수 있다. 그는 배고픔이 인간의 존엄성마저 무너뜨리는 인류의 가장 큰 적이라고 했다. 발이 부어 구두를 벗을 수 없을 정도로 직장을 구하러 수 킬로미터를 걸어 다녔던 기억이며, 직장에 취직한 직후 첫 월급을 받을 때까지 돈이 없어 점심을 굶어야 했던 기억들이 그러한 생각을 갖게 했을 것이다. 하지만 개인의 빈곤을 넘어, 대통령이 된 이후 그에게 가난과의 싸움은 신자유주의와의 싸움이었고, 세계 무대에서 브라질의 위상을 끌어올리는 일이었으며, 내적으로는 소외 계층에 대한 적극적인 사회적 포용과 국민의 자긍심 회복이었다. 그의 임기 8년간 주요 정책들은 모두 이 모토에 기초하고 있었다 해도 과언이 아니다. 지지자와 반대자 모두의 비판을 무릅쓰고 일련의 정책들을 실행할 수 있었던 것도 어쩌면 그와 같은 신념 때문이었을 것이다.

우선, 가난과의 전쟁은 가족 기금인 '보우사 파밀리아' 정책을 포함하여 기타 여러 사회 불평등 해소 정책에서 잘 나타났다. 흔히들 '브라질에서의 가난은 색깔이 있다'고 한다. 다인종 국가로서 브라질은 백인과 흑인, 그리고 혼혈이 주

를 이루는데, 정치적으로나 경제적으로, 그리고 사회적으로
도 늘 소외되고 불평등한 대우를 받는 사람은 흑인과 혼혈
들이었기 때문이다. 그가 2004년에 차별 철폐 조치(Affirmative actions)의 일환으로 국공립 대학의 흑인 입학 비중을 20% 전
후하여 대학이 자율로 지정·운영하도록 한 것도 그 때문이
었다.[06] 룰라가 아프리카 순방 도중 그곳에 부임해 있는 자국
의 외교관들이 모두 백인임을 알고 놀라서 실태 파악을 지
시한 적도 있었다. 실제로 룰라가 집권하기 이전인 2000년
까지, 유구한 역사의 브라질 외교관 양성학교에 입학한 흑인
은 단 한 명도 없었다.

둘째, 가난은 '국민의 자긍심' 문제와도 직결된다. 룰라는
2010년 말 퇴임하면서 '재임 기간 중 가장 큰 업적이 있다면
무엇인가'라는 질문에 "제가 대통령으로서 가장 잘한 것이
있다면 그것은 아마도 우리 브라질 국민 모두가 '내가 브라
질 사람'이라는 자긍심을 갖게 한 일일 겁니다"라고 답했다.
퇴임 때의 말이었던 만큼, 그 목표가 자기 정부의 주된 정책
들에 골고루 담겨 있었다는 의미일 것이다. 실제로 룰라는
2003년 취임 초 상파울루주 산업연맹(FIESP) 회장 취임식에
참석해서 다음과 같이 말했었다. "대통령에 취임하면서 저는
중요한 사실 하나를 발견했습니다. 그것은 이 나라에 단지
일자리와 임금, 그리고 기아 퇴치만 필요한 게 아니라는 것

이었습니다. 먼저 1억 7,500만 명의 자긍심을 회복하는 것이 필요했습니다." 이런 맥락에서 볼 때, 전임 정부의 신자유주의 정책이 낳은 각종 폐해를 해결하려는 여러 사회 정책들과 성장과 분배를 동시에 추진한 경제 정책의 근간도 바로 '가난과의 싸움'에 기초한 것이었다고 볼 수 있다.

또한 '가난과의 싸움'은 그의 남남 외교 정책으로도 확대되었다. 8년의 임기 동안 그는 인도와 남아공화국과 관계를 돈독히 하는 데 몰두했다. 북반구의 부유한 지역과 달리 남반구에는 대체로 저개발국들이 집결해 있다. 그 가운데 남아공은 아프리카 신흥 경제 국가로서 흑인이 많은 브라질과 문화적·인종적 유대감을 갖고 있었으며, 인도와의 관계 긴밀화에는 BRICs의 일원으로서 미래 시장이자 저개발국에서 이머징마켓으로 떠오르는 국가라는 유대감도 작용했다. 물론 남아공과 인도는 브라질이 유엔안전보장이사회 상임이사국 진출을 도모하는 데 중요한 협력자이자 동반 진출을 꿈꾸는 나라들이기도 하다.

나아가 2014년 월드컵 유치와 2016년 올림픽 유치 성공, 그리고 임기 내내 유엔 안전보장이사회 상임이사국 진출을 위해 주도면밀한 외교 정책을 추구한 것 역시, 그때까지 제3세계의 빈국으로만 취급되던 브라질의 자존심과 국민의 자긍심을 높이기 위함이었다. 거대한 땅덩어리에 풍부한 천연

▲ 2003년 9월 26일, 쿠바 아바나의 혁명궁전에서 피델 카스트로(오른쪽)와 함께 이야기를 나누고 있다. 룰라는 서구 제국주의의 지배와 침탈이 브라질의 가난에 원인이 된다고 생각했으며, 그런 점이 카스트로와 잘 맞았다. 둘은 친구처럼 가깝게 지냈다.

자원을 가진 나라임에도 가난 때문에 국제 무대에서 늘 소외되던 브라질이었기에, 그가 중국을 포함하여 인도, 남아공화국 등 남남 협력을 주도했던 것은 브라질의 위상을 끌어올림과 동시에 가난한 국가의 서러움을 일소하여 국민의 자긍심을 높이려는 의도에서 일부나마 비롯된 것이 분명했다.

또한 그의 이러한 외교 전략에는 브라질의 가난이 서구 제국들의 지배와 약탈에 기원하고 있다는 인식이 깔려 있었다. 쿠바의 카스트로와 친구처럼 가깝게 지낸 이유도 거기에 있으며, 넓게 보아 이란을 포함한 중동의 아랍국들과의 관계 긴밀화에 공을 들인 것도 그런 인식 때문이기도 했다. 그러니까 미국을 위시한 서구의 헤게모니 앞에 밀리지 않겠다는 의지였던 셈이다. 나아가 선진국들의 모임인 다보스포럼에 반하여 자국이 중심이 되어 남부 포르투알레그리Porto Alegre에서 세계사회포럼(WSF)을 매년 개최한 것도 같은 맥락에서 이해할 필요가 있다.

실용적 사회 포용 정책

앞서 말했듯이, 룰라가 2003년 첫 임기를 시작하면서 제일 먼저 내세운 목표는 '브라질 국민이라면 누구나 하루 세

끼를 먹을 수 있어야 한다'는 것이었다. 이는 역설적으로 당시 카르도주 정부의 신자유주의 정책이 낳은 빈부 격차 문제가 얼마나 심각했는지를 방증하고 있다. 유세 때부터 이 점을 강조한 그는 빈민층의 60%가 넘는 표를 끌어 모을 수 있었다. 그리고 같은 해 유엔 총회 연설에서도 연설의 1/3을 빈곤 퇴치에 할애했다. 또 2004년 연설에서는 빈곤이 인간의 존엄성마저 무너뜨리는 가장 큰 무기라고 주장했다.

그래서 그는 취임 직후 곧바로 카르도주가 야당 시절 자신의 제안을 받아들여 실행했던 빈곤 퇴치 프로그램 '포미 제로Fome Zero'07 정책을 확대하고, 나아가 각종 사회 정책들을 통합한 '보우사 파밀리아' 가족 기금 정책을 추진했다. 일정 수준 이하의 소득을 지닌 가정을 대상으로 자녀의 학교 출석률 85% 이상 증명서와 예방 접종 증명서를 제출하면 부족한 생활 자금을 현금으로 메워준다는 이 정책을 두고 많은 논란이 벌어졌다. 일부 언론과 야당에서는 포퓰리즘의 전형이라는 비판이 쏟아졌다. 하지만 룰라는 2005년 8월 17일 한 연설에서 다음과 같이 말했다. "나에게 이렇게 말하는 사람들이 있더군요. '대통령님, 무엇 때문에 보우사 파밀리아에 70억 헤알(브라질 화폐 단위)을 쓰는 것입니까? 그것은 동냥입니다. 국민이 필요로 하는 것은 일자리입니다.' (그래서 내가 말했지요.) 보우사 파밀리아의 목적이 바로 그것입니다. 일자리가 생길 때까지 사람들의 배를 채워주는 것입니다. 왜냐하면 보우사 파밀리아가 없으면 많은 사람들이 직장이라는 곳에 도달하기도 전에 (배고파) 죽을 거니까요."

브라질 중앙은행은 룰라가 퇴임하기 1년 전인 2009년, 보우사 파밀리아로 인해 브라질 전체의 빈곤층이 17.4%로 줄어들었으며 현 상황이 유지된다면 2014년에는 8%로 축소되어 중간층이 늘어나는 선진국형 사회가 될 것이라고 전망했다.[08] 세계은행도 2004년 이 프로그램 지원을 위해 5억 7,200만 달러의 차관을 제공한 데 이어 2010년 9월 17일, 이 프로그램의 2단계 추진을 위해 2억 달러의 차관 제공을 승인한다고 발표했다. 세계은행은 1,270만 가구 약 5,000만 명의 사람들에게 혜택을 주는 이 사회 프로그램이 "세계에서 가장 효율적인 사회 보호 프로그램 중 하나(está entre os mais eficientes programas de proteção social no mundo)"라고 평했다.[09] 결국 3천만 명의 국민을 중산층으로 끌어올린 이 프로그램은 신자유주의의 가장 큰 문제점으로 꼽히는 빈부 격차의 해소를 위해 국가가 해야 할 역할이 무엇인지 잘 보여준 사례였고, 이데올로기보다는 현실과 실용을 앞세우는 룰라의 통치 이념을 잘 보여준 사례였다. 그는 전임 대통령의 정책 근간인 신자유주의를 유지했지만 국영 기업의 민영화는 중단시켰으며, 보우사 파밀리아와 대학 입시 쿼터제 등 사회 불평등 해소를 위해 국가가 적극 개입하는 분명한 방향성을 지닌 정책을 펼쳤다. 이 역시 이데올로기보다는 현실과 실용을 앞세우는 확고한 통치 이념에 기인한다.

서민적 카리스마, 소통과 타협의 리더십

룰라가 집권한 8년 동안(2003~2010) 브라질의 GDP는 그 이전 20년간의 누적 GDP보다 두 배나 많았다. 혹자는 전임 카르도주 정부의 신자유주의 정책이 효과를 나타냈기 때문이며, 더불어 중국 경제의 활황으로 인한 국제 사회의 자원 확보 전쟁 탓에 원자재 가격이 고공 행진을 했기 때문이라고 한다. 브라질은 거의 모든 면에서 세계적 자원 부국이기 때문에, 이를 두고 일부 학자들은 룰라가 엄청나게 운이 좋았다며 그의 공적을 폄하하기도 하고, 또 때로는 "룰라 정부의 성공은 카르도주 8년의 연장선상에서만 이해할 수 있다"고[10] 하기도 한다. 물론 이런 견해가 전적으로 틀렸다고 할 수는 없다. 그런데 어떤 이는 한 발 더 나아가 카르도주 정부가 뿌린 씨앗의 열매를 룰라는 그저 따먹기만 했다고 주장한다.

이런 주장은 자칫 많은 오해를 불러일으킬 수 있다. 정치나 경제 등에는 모두 원인과 결과가 있기 마련이다. 통치의 관점에서 볼 때, 전임자가 뿌린 씨앗이 좋든 나쁘든 먹음직한 열매를 맺도록 관리하는 것 역시 후임 통치자의 능력이며, 그 열매가 각 사회 계층에게 골고루 분배될 수 있도록 관리하고 실행하는 것 역시 후임 통치자의 능력이다. 룰라는 기업인들과 만난 자리에서 "브라질은 5백 년 역사 동안 성장을 한 다음 분배를 하겠다는 말만 들어왔습니다. 내 정부에서 빈곤의 추방과 중산층 확대는 성장도 분배도 동시에 이루어질 수 있음을 증명해주었습니다"라고 말한 바 있다.

실제로 포퓰리즘 논란을 불러일으킨 보우사 파밀리아 정책을 통해, 브라질은 약 3천만 명의 국민을 중산층으로 편입시킬 수 있었다. 그 덕택에 풍부한 외환 보유고와 더불어 2008년 국제 금융위기에서도 가장 빠른 회복세를 보인 나라 중 하나가 되었다. 그런데 이런 성공의 이면에는 룰라만의 리더십, 즉 서민적 이미지가 물씬 풍기는 카리스마에 기초한 소통과 타협의 리더십이 깔려 있음을 잊어서는 안 된다.

룰라가 1980년 노동자당(PT)을 창당한 뒤 정권을 장악하기까지 20여 년이 걸렸다. 어떻게 보면 짧고 또 어떻게 보면 긴 세월이다. 하지만 노동자의 권익 옹호를 목표로 가톨릭 진보 세력, 공산주의 극좌파, 대학생, 노동자, 진보 학자들이 모여 만들어낸 정당이 30여 개 정당들이 난립하는 다당제 국가에서 20여 년 만에 정권을 잡았다는 것, 게다가 8년 연속 연임을 하고 같은 당의 지우마 후세피Dilma Rousseff 대통령에게 정권을 대물림할 수 있었다는 것은, 그 자체로 브라질의 최근 역사를 웅변해준다. 룰라가 금속노조를 이끌다가 노동자당을 창당하게 된 계기 중 하나가 브라질의 기적이라고 명명된 1970년대 초, 당시의 군사 정부가 인플레이션을 3년이나 하향 조작해 발표함으로써 결과적으로 노동자들의 임금을 갈취한 일 때문이었다. 이 사건이 70년대 후반에 이후 노동자당의 핵심 인사가 된 수플리시Suplicy에 의해 밝혀지면서, 룰라가 총파업을 주도했던 것이다.

룰라가 많은 난관에도 불구하고 짧은 시간에 정권을 잡을 수 있었던 것, 그리고 퇴임하면서 다인종 국가의 국민 87%로부터 잘했다는 찬사를 들을 수 있었던 것도, 전임 카르도주 대통령의 실정 때문만은 아니었다. 오히려 브라질 정치 시스템의 특수한 환경 속에서 룰라가 발휘한 탁월한 리더십에 기인한 바가 크다.

정치적으로 보았을 때 소통과 타협은 룰라가 처음 노조 활동을 시작하던 1970년대부터 이미 몸에 익기 시작했던 것 같다. "땅콩 사세요!"라는 말도 못해 형에게 혼쭐이 나곤 했던 수줍은 성격의 룰라. 1975년 노조 위원장 취임식에서 취임사를 읽는 동안 다리가 후들거려 진땀을 흘리던 그였다.

하지만 92%의 노조원들의 지지를 받으며 브라질의 대표적인 노조인 금속노조 위원장에 오를 수 있었던 것은, 다름 아닌 대화와 소통 때문이었다. 노조 내에는 온건파와 강경파, 그리고 중도파와 극좌 세력까지 다양한 이데올로기와 파벌들이 존재했지만, 룰라는 파벌 간의 첨예한 경계를 끊임없는 대화와 소통으로 허물었다.

대통령이 된 뒤에도 대화와 소통은 지속되었다. 룰라는 2003년 1월 1일 취임 이후 2009년 3월 31일까지 총 1,770회의 대중 연설을 했다. 이 수치는 같은 일수日數인 1995년 1월 1일부터 2001년 3월 31일까지 카르도주 대통령이 행한 연설보다 52%가량 많다. 평균적으로 주말을 제외한 평일 하루에 한 번 꼴로 연설한 셈이었다. 어떤 경우에는 24시간 내에 무려 다섯 차례 대중 연설을 하기도 했다.[11] 게다가 그의 연설 대다수는 미리 써놓은 원고가 아닌 즉흥 연설이었다. 또한 평일 오후 3시부터는 집무실에서 사회 각층의 사람들을 만나기 위해 늘 별도의 시간을 배려해두었다. 그가 만난 사람들은 여야 정치인과 기업인들부터 예술가들, 거리의 청소부들, 원주민 인디오들까지 신분과 계층의 구분이 없었다. 이런 자세는 국민들에게 부담 없고 친근한 이웃집 아저씨 같은 인상을 주었고, 그가 부자도 가난한 자도 차별하지 않는 인물임을 국민의 마음속에 각인시켜주었다. 성장과 분배의 문제, 측근들의 부패 문제, 그리고 그의 사회 정책들을 포퓰리즘으로 폄하하는 비난에 이르기까지 거의 모든 이슈들에 대하여 룰라는 다양한 계층과의 만남과 대국민 직접 접촉 및 해명이라는 무기를 즐겨 사용했다.

그의 소통은 정책 수립에도 적용되었다. 특히 공공 정책 수립에 소통을 적극 활용했다. 예컨대 '2004~2007 다년간 사회 정책 계획(Plano Plurianual 2004~2007)' 수립을 위해, 그의 정부는 2003년 한 해 동안 27개 주에서 각각 포럼을 개최하여 총 2,170개의 시민단체들과 열띤 토론을 벌였다. 각 주의 포럼이 열리기 전에 미리 각 시 단위별 포럼을 열어 의견을 수렴한 것은 물론이다. 2010년 룰라가 퇴임하던 해에 발표되어 향후 10년간 브라질의 문화 정책을 이끌 국가 문화 계획(Plano Nacional de Cultura) 수립 당시에도, 시市 단위부터 관련 시민단체들과 논의하여 주州 단위 포럼에서 재론한 뒤 전체 포럼을 통해 계획을 확정지었다. 그리하여 2003년부터 2010년까지 8년간, 국가의 공공 정책 수립과 집행, 감시 및 평가를 위해 시 단위와 주 단위 포럼을 거친 총 73개의 전국 단위 포럼이 열렸다. 룰라의 집권 8년간 연평균 9건의 전국 단위 포럼이 개최되어 여론 수렴이 이루어진 셈이다. 노동자당이 장악한 포르투알레그리시市에서 처음 도입되어 시민들이 시 정부의 예산 책정부터 정책의 우선순위 결정과 예산 집행 감시까지 하는 '주민 참여 예산제(Orçamento Participativo)'도,[12] 룰라의 노동자당이 강성 야당이라는 이미지와 달리 시민들과 더불어 적극적으로 현실 문제에 대한 대안을 모색하고 집행하는 소통 정당임을 보여주었다.

그런데 룰라 특유의 소통의 정치, 그리고 최선책이 없을 경우 차선책을 찾는 타협의 정치는 가끔 정치권의 관례와 연계될 때 큰 문제를 야기하기도 했다. 2005년 재선을 앞둔 시점에 불거졌던 이른바 '멩살렁mensalão(큰 월급이라는 의미의 포르투갈어)' 부패 스캔들이 그 예였다.

브라질의 정당 시스템은 다당제이다. 2003년 룰라가 대통령에 취임했을 때도, 2006년 2기 임기를 시작했을 때도, 노동자당은 의회 과반수 확보에 실패했다. 2기 정부 시절 노동자당의 연방하원 의원 수는 83명으로 2위였다. 하원 의석의 19%에 불과했던 것이다. 이는 군정 종말 이후 지금까지 브라질 정치에서 지속된 현상이었다. 그렇기에 집권당 입장에서 연정은 필수적이었으며, 그 대가로 장관직을 나누어 차지하곤 했다. 바로 그런 관행 속에서 부패가 발생했다. 브라질 정치인들의 소속 정당 충성도는 매우 낮은 편이어서, 국회에서 안건을 처리할 때 소속당의 방침을 잘 따르지 않고 자신의 의지나 이해관계에 따라 표를 던진다. 그러다 보니 연정을 통해 과반수를 확보해도 정부 여당은 불안할 수밖에 없어서, 돈으로 반대파들을 매수하는 매표 행위가 비일비재했다. 그 돈은 어떻게 마련되었을까? 장관직에 오르면 산하 국공립 기관장의 임명권을 갖게 되므로, 기관장 임명권을 매개로 정기적 상납을 받아 그 돈을 매표 행위에 사용하곤 했다.

룰라의 1기 정부 말기였던 2005년에 사건이 폭로되자 룰라는 처음에는 전혀 몰랐다는 발뺌으로 일관했다. 그러다 나중에 여론이 악화되자, 정치인이 비밀 계좌를 갖고 있는 것은 누구나 다 아는 사실이라면서 이 사건은 정치계의 오랜 관행일 뿐이라고 강변했다. 이 사건 때문에 2012년 11월 현재 총 38명의 정치인들이 기소된 가운데 재판이 진행 중이지만, 어쨌든 룰라는 그해 말 재임 선거에 성공하여 4년을 더 통치했다.

한 가지 덧붙일 것은, 룰라의 소통과 타협을 그의 타고난 천성으로만 볼 수 없다는 것이다. 앞서 언급했듯이 룰라는 수줍음을 잘 타는 사람이었다. 남 앞에서 쉽게 말을 꺼내지 못했고 첫 부인 루르지스에게 사랑을 고백할 때도 브랜디 4잔을 연거푸 마신 뒤에야 겨우 가능했다고 한다.[13] 그렇다면 그가 중시하는 소통과 타협의 정신은 어디에서 온 것일까? 아마도 그의 노조 활동 경험과 브라질 사회에 대한 나름의 이해가 큰 몫을 한 것으로 보인다. 그는 노조에서 사회보장 관련 업무를 보면서 각양각색의 사람들을 접하게 되었다. 그러면서 자연스럽게 화술이 나아졌고 많은 인맥을 구축할 수 있었다. 그런 인간관계를 통해 나름대로의 소통 방식을 찾아내 익혔을 것이다.

나아가 타협은 브라질 사회가 다인종 혼혈 사회라는 점에서도 이해할 수 있다. 시우비우 호메루Sílvio Romero는 "브라질 국민은 피에서 혼혈이 아니라 해도 생각하는 면에서 혼혈이다"라고 했다.[14] 사실 브라질은 '인종 백화점'이라 불릴 만큼 많은 인종과 민족이 모여 형성된 혼혈 국가이다. 그러다 보니 사회 구성원 각자의 생각과 문화도 매우 다양하다. 그래서 그들과의 대화에는 상당한 인내심이 필요하다. 예를 들어 그들에게 어떤 문제의 해결점을 찾아보라고 요구하거나 무엇을 공동으로 하라고 하면 많은 시간이 걸린다. 획일화를 강요받아온 우리에게는 매우 더디고 느려 보여서 답답하게 느껴진다. 그래서 그들은 어느 정도 대화를 하다가 서로 필요한 것을 주고받는 양보와 타협을 선호한다. 룰라의 타협 정신도 전반적인 브라질 국민의 사고 패턴과 같다. 단지 그에게는 남에게서 찾기 힘든 뛰어난 소통력과 설득력이 있었다. 그것은 삶의 경험에 바탕을 둔 간결한 표현에 근거한다. 삶의 경험에 바탕을 둔 표현을 쓰기에 이따금 비속해 보이지만 설득력이 강하며, 또 듣는 사람의 입장에서는 친근감마저 느끼게 한다. 이 모든 것이 그의 카리스마를 감싸고 있다.

　다인종 사회의 지도자에게는 강력한 리더십이 필수적이다. 그런데 그 카리스마가 소통과 타협을 회피하는 일방주의식 권위라면, 이민자들로 구성된 다인종-다문화 국가인 브라질 사회를 조화롭게 이끌 수 없었을 것이다. 룰라는 브라질이 필요로 하는 리더십이 대화와 협상, 그리고 타협을 할 줄 아는 이웃집 아저씨 같은 카리스마임을 잘 알고 있었다.

　2010년 1월 4일자 브라질의 한 신문에 룰라의 사진이 실려 큰 반향을 불러일으켰다. 사진은 북동부 아라투Aratu 해군 기지에서 부인과 친구들과 여름휴가를 즐기는 룰라의 모습이었다. 반바지에 러닝셔츠를 입고 슬리퍼를 신은 채 맥주가 든 아이스박스를 머리에 이고 가는 모습에서, 권위주의적 카리스마가 넘치는 대통령이라는 인상은 전혀 보이지 않는다.

파파라치가 찍어 공개한 그 사진에서 우리는 매우 소탈하고 평범한 서민 대통령의 모습 그 자체를 느낄 수 있다.

물론 그의 이러한 모습이 퇴임 무렵 87%의 인기도를 누리게 한 주된 요인은 아닐 것이다. 농지 개혁이나 부패 척결 등 많은 숙제를 남겼지만, 그가 성공한 대통령으로서 멋진 퇴임을 할 수 있었던 것은, "저는 어느 한순간에도 저의 출신에 대하여 잊어본 적이 없습니다"라는 말처럼 그가 8년간 초심을 잃지 않은 채 굳게 지켜나갔기 때문이다. 그는 2006년 2차 경선이 있기 며칠 전 이렇게 말했다. "부자는 국가의 도움을 필요로 하지 않습니다. 하지만 가난한 서민은 국가와 사회의 관심과 도움이 필요합니다. 이상하게 생각할지 모르지만 솔직히 저는 부자에만 관심이 있습니다. 가난한 사람도 부자가 되는 그런 브라질 말입니다." 이처럼 '국민 모두가 부자가 되는 브라질, 국민 모두가 스스로 브라질 사람이라는 자긍심을 갖는 나라'를 이룩하기 위해 끊임없는 개혁과 노력을 경주해왔기 때문이 아닐까 한다.

박원복
현재 서울대학교 라틴아메리카연구소 HK연구교수로서 동 연구소 산하의 브라질 연구센터장으로 재직 중이다. '커뮤니케이션과 기호학'과 '비교문학'을 전공했고, 최근의 관심 주제는 '현대 브라질 사회와 문화의 변동'이다. 대표 논저로 「브라질의 인종 차별 현황과 특성에 관한 고찰」, 「신자유주의 시대하의 브라질의 문화 정책」 등 여러 논문과 『대통령의 길 룰라』 등 다수의 번역물이 있다.

만델라

'다수'가 아닌 '모두'를 위한 민주주의

"만델라의 삶은 의지, 진실성, 겸손으로 표현된다. 마디바(만델라의 애칭)의 지혜, 관용과 함께한 시간에 감사한다."

—버락 오바마

아주 먼 나라, 우리와 거의 상관없는 나라처럼 여겨졌던 남아프리카공화국(이하 남아공)의 전前 대통령 넬슨 만델라Nelson Rolihlahla Mandela(1918~)가 대통령에 취임한 것도 벌써 20여 년 전이다. 그런 그가 한국의 리더십 위기 때마다 거론되는 이유는 무엇인가? 우리와 다른 문화와 정치 환경에서 발휘된 만델라 리더십은 한국 상황의 어떤 면에 부합되고, 그의 어떤 점들이 우리에게 시사점을 주는가?

만델라의 리더십을 한국과 관련하여 분석하고 설명하는 것은 쉽지 않아 보인다. 첫째, 한국에서는 오랫동안 동일한 언어와 유사한 문화를 바탕으로 하나의 민족국가 토대 위에서 유사한 정치 문화가 정착되었다. 반면 남아공은 백인과 흑인뿐만 아니라 다른 언어와 문화를 가진 수십 개의 인종이 공존하고 있는 다인종 사회다. 둘째, 한국 정치는 제도—그것이 올바른 투입과 산출을 수행했는지는 별도로—를 통해 다양하고 복합적인 (국민의) 가치 추구를 정책화하려고 부단히 노력해왔다. 하지만 남아공 백인 정권은 흑인의 제도권 진입을 철저하게 봉쇄함으로써 남아공에서 다수를 차지하는 흑인의 공평한 가치 추구를 배척했다. 셋째, 한국에는 여덟 차례의 정권 교체를 통해 선거 문화가 보편적으로 정착되었다. 반면 남아공 흑인들은 선거권을 박탈당한 채 자신들이 선출하지도 않은 백인 지도자의 명령에 복종해야 하는 신민臣民 상태에 있다가, 1994년 아파르트헤이트Apartheid가 철폐된 뒤에야 비로소 주권을 행사할 수 있었다.

이렇게 남아공은 한국과 완연하게 다르고 훨씬 열악한 정치 환경을 가지고 있었지만, 만델라 대통령은 남아공뿐만 아니라 전 세계에서 가장 존경받는 리더가 되었다.[01] 특히 만델라는 남아프리카공화국 최악의 상태—인종 차별, 폭동, 경기 침체 등—에서 최초의 흑인 대통령으로 취임하여 정치 체제의 이행기에 리더십을 발휘했다는 점에서, 20년이 지났지만 여전히 많은 시사점을 주고 있다.

이 글은 남아공 전 대통령 만델라가 어떤 식으로 국가적 과제를 수행했으며, 다인종 남아공 사회(백인이 15%, 흑인이 80%)에서 흑인 대통령으로서 사회 세력의 이해관계를 어떤 방식으로 통제하고 조정했는지 살펴보려 한다. 또 만델라가 '민주주의'라는 틀에서 분절된 남아공을 어떻게 통치해나갔으며, 성공적이라고 평가받는 그의 통치의 주요 핵심은 무엇인지 알아볼 것이다.

▲ 유엔은 2012년 1월 18일, 만델라의 94번째 생일을 '넬슨 만델라의 날'로 정해 그에게 경의를 표했다.

투쟁가에서 조정가로[02]

만델라는 1918년 트란스케이주*에 속한 음베조라는 작은 마을의 템부족 추장의 아들로 태어나, 다른 이들에 비해 비교적 안정적인 생활을 할 수 있었다. 하지만 아버지가 식민 행정 관료와의 마찰 때문에 추장의 모든 권한(지위, 토지, 세금 징수 권한 등)을 박탈당하면서, 만델라는 아버지의 지위 때문에 누려왔던 혜택을 더 이상 누릴 수 없게 되었다. 더욱이 아버지가 만델라가 10살이 되던 해에 사망하면서 가세가 기울었다. 하지만 만델라는 평소 아버지에게 신세를 졌던 템부족의 대추장인 욘기티바에게 양아들로 보내져, 큰 문제없이 서구식 교육을 받으며 대학까지 진학할 수 있었던 선택받은 자였다.

만델라는 아프리카 학자들의 지식의 고향이자 모태이며 흑인을 위한 유일한 최고 교육 기관인 이스턴케이프에 있는 포트헤어Fort Hare대학에 입학하여, 백인들이 비아냥거리는 '검은 영국인'으로서 꿈을 키워갔다. 대학 시절 만델라는 아프리카 민족회의에서 활동하는 학우들뿐만 아니라 공산주의 사상에 빠진 학우들과도 친분을 가졌지만, 본인은 평범한 대학생으로서 변호사가 되기 위해 법률 공부에 매진했다. 그 시절, 만델라는 대학 밖에서 일어나고 있는 아파르트헤이트

▲ 1942년 남아공 최초의 흑인 변호사가 되었던 만델라는 1952년 요하네스버그에 변호사 사무실을 열었다. 물론 요하네스버그 최초의 합법적인 흑인 변호사 사무실이었다.

에 의한 사회·정치적 문제에 그리 민감하지 않았다. 이런 면모는 만델라의 양아버지 욘기타바가 만델라 자신도 모르는 여자와 그를 강제로 혼인시키려 했을 때, 강제 혼인을 피해 탄광으로 도주하면서까지 거역한 데서도 잘 나타난다. 즉 만델라는 당시 "백인 정치 제도에 대항해서 싸우는 것을 고려하고 있지는 않았지만, 종족의 사회 제도에 대해서는 반란을 일으킬 준비"가 되어 있었다.[03] 추장의 아들임에도 위계적인 전통 관습에 대항하여 자신의 의지에 반하는 일에는 순응하지 않으려는 기질을 어느 정도 내면화하고 있었던 것이다.

우여곡절 끝에 요하네스버그에서 월터 시술루를 통해 백인 변호사 사무실의 사무직원으로 일하게 되면서, 만델라는 자신의 꿈인 변호사가 되기 위한 법률 공부를 계속할 수 있었다. 그는 1942년에 마침내 비트바테르스란트대학에서 법률 학위를 취득해 남아공 최초의 흑인 변호사가 되었다.[04] 하지만 만델라가 변호사의 꿈을 위해 머물렀던 요하네스버그는 당시 소웨토와 함께 아파르트헤이트 정책에 항거하는 시위가 끊이지 않던 곳이었다. 특히 이 시기에 만델라는 시술루의 집에 머물면서 아파르트헤이트 정책에 항쟁하는 투쟁가들을 자연스럽게 접하고, 아파르트헤이트 정책에 대한 토론에 참여하는 기회도 많아졌다.

만델라의 정치적 투쟁은 1944년 아프리카민족회의(ANC)

청년동맹에 가입하고 뒤이어 ANC 청년동맹 의장으로서 1950년 6월 26일 '범민족 궐기대회'에 참여하면서 본격적으로 시작되었다. 이로 인해 만델라는 변호사로서는 치명적인 범법자가 되어 1952년 12월, 9개월의 강제노동 실형과 집행유예 2년을 선고받았다. 이후 만델라는 "감옥에 가는 것이 명예의 상징"이라고 할 만큼 법률가가 아닌 투쟁가로서의 삶을 살았다. 무無폭력 대신 무장 투쟁 요구, '민족의 창' 군사 조직 창설, 해외 지지 확보를 위한 불법 해외 여행 등은, 만델라가 '생각만 하는' 지식인이 아닌 '행동하는' 지식인임을 여실히 보여주었다. 하지만 만델라의 전투적인 투쟁은 1964년 국가 전복 혐의로 종신형을 받고, 나이 44살에 악명 높은 로벤섬에 수감되면서 더는 계속되기 어려워졌다.

로벤섬의 교도소는 원래 나병 환자 수용소였지만 정신병원이 되었다가 다시 개조되어 해군 기지로 사용하던 곳이었다. 그러나 아파르트헤이트 정책이 실시되고 흑인의 저항이 커지자, 중요 정치범들을 격리 수용하기 위해 교도소로 개조되었다. 로벤섬 교도소는 철저하게 외부와 단절되어 있어 면회도 용이하지 않았기 때문에 죄수들은 사망할 때까지 가족조차 만나지 못하는 경우가 많았으며, 죄수들 간의 왕래도 금지되어 무작정 형 만기만 기다려야 하는, 남아공에서 가장 희망이 없는 곳이었다. 만델라도 예외는 아니었다. 특히 만

▲▲ 국가모반죄로 재판을 받으러 가는 만델라와 그 동료들. 왼쪽으로부터 패트릭 몰라오아, 로베르트 레샤, 만델라.

▲ 로벤 섬 교도소에서 만델라가 수감되어 있던 방

델라 같은 정치범에게는 감시가 더욱 심해서, 옆방 죄수와도 대화하지 못하게 철저하게 고립시켰다. 가족이나 친지에게 쓰는 편지도 6개월에 한 번으로 제한되었다.[05]

로벤섬에서 만델라는 더 이상 ANC가 원하는 투쟁가의 역할을 할 수가 없었다. 서신 교환과 면회도 극도로 제한되어, 비밀리에 ANC 혹은 흑인 집단의 투쟁을 지휘할 수도 없었다. 하지만 로벤섬은 만델라에게 새로운 투쟁 방법을 찾는 공간이 되었다. 당시 교도소 죄수들은 모두 흑인과 혼혈인이었고, 간수는 대부분 백인이었다. 따라서 백인 간수들이 흑인에게 가하는 부당한 행위와 조처에 대항하여 교도소 환경을 바꾸는 것 또한 아파르트헤이트에 대한 투쟁의 일부일수 있었던 것이다. 특히 변호사 자격을 가지고 있던 만델라는 자신의 법률 지식을 총동원하여 부당하게 처벌받는 죄수들의 변호사 역할을 떠맡았다. 교도소 인권 상황을 취재 혹은 점검하기 위해 외국 신문기자나 국제변호사협회, 국제적십자 등 인권 단체가 방문하면, 만델라는 늘 죄수 대표로 면담에 나섰다.

또한 만델라는 이곳에서 다양한 투쟁 단체에서 활동하다잡혀 수감된 다양한 죄수들—혼혈인, 과격 흑인 저항가, 공산주의자 등—을 접할 수 있었다. 그들의 투쟁 수단과 목표는 달랐지만, 아파르트헤이트 정책에 대항하여 투쟁하다 수감되었다는 공통점 때문에 서로를 쉽게 이해할 수 있었다. 만델라는 이들과 끊임없이 토론하며 상대방에 대한 이해심을 가질 수 있게 되었고, 모든 사람이 그에 대해 긍정적인 이미지를 갖도록 만들었다. 그 과정에서 자만심에 젖어 독선에 빠질 수도 있었지만, 만델라는 간수뿐만 아니라 자기와 생각이 다른 수감자들까지 설득하고 화합시켜 교도소의 열악한 환경을 극복하려는 노력을 ─때로는 무모해 보일 정도로─ 보여주었다.

특히 1982년 이후 케이프타운에 있는 폴무스교도소로 이송된 만델라는, ANC가 백인 정부에 대한 급진적인 투쟁 노선을 지향하고 있는데도 백인 정부와의 협상을 강력하게 추진하는 무모한 행보를 보였다. 이는 자신의 정치적 생명을 끝장낼 뿐만 아니라 동료들로부터 배신자라는 오명을 받을 수도 있는 위험천만한 결정이었다. 하지만 만델라의 그동안의 투쟁은 단순히 백인을 남아공에서 몰아내고 흑인만의 정권을 세우고자 하는 것이 아니었다. 즉, 만델라는 소수 백인도 인종차별 없는 남아공에서 공평하고 자유롭게 새 삶을 살아갈 수 있음을 깨우쳐주는 것이야말로 남아공의 미래를 위해 무엇보다 중요하다고 판단했던 것이다. 이를 위한 일차적인 작업은 '위로부터의 화해'였다.[06]

차별과 분리를 넘어 '무지개 국가'로

아프리카 대륙 최남단에 위치한 남아공은 백인의 인종적 과두제에 의해 3백여 년 동안 아프리카 역사에서 철저히 배제되었으며, '극도로 분할된 사회'가 되었다. 17세기 후반부터 본격화된 백인(네덜란드인으로 '아프리카너'라 호칭됨)의 식민 지배는 초기부터 흑인에 대한 멸시 정책에 기초한 세 가지 원칙을 관철시켰다. 즉 '자유,' '토지,' 그리고 '비백인 멸시'라는 세 가지를 통해 흑인 사회를 파괴하고 백인만을 위한 남아프리카공화국을 건설한 것이다. 금광 발견으로 인해 한동안 영국의 식민 지배를 받게 되었지만, 2차 세계대전 이후 영국은 국제 사회에서 활발하게 진행되는 탈식민주의운동에 따라 남아공에 대한 실질적 지배를 느슨하게 실시했다. 이에 1899년 보어전쟁(Boer War)에서 패하여 영국인에게 기득권을 물려주어야 했었던 네덜란드계 백인들은, 국민당(National Party, NP)을 중심으로 정권을 쟁취하고 비백인종에 대한 탄압 정책을 펼쳐 남아공을 백인 국가로 만들어갔다. 당시 남아공 사회는 대표적인 4개 인종으로 구성되어 있었는데, 백인(19%), 혼혈 유색인(10.5%), 아시아 계통 인도인(3%), 그리고 인종별로는 다수를 차지하는 남아프리카 원주민인 흑인(67.5%)이 그들이었다. 흑인은 11개 종족으로 구성되어 있었으며,

그중 다수를 차지하는 종족은 줄루Zule족, 코사Xosa족, 소토Sotho 족이 대표적이었다.

흑인은 특히 '집단거주법'(1950), 인종별 교육 실시를 담은 '반투Bantu교육법'(1953), 흑인의 시민권을 박탈한 '반투자치 촉진법'(1959), 흑인의 정치 참여를 금지한 '정치개입금지법'(1968), '반투홈랜드Homeland헌법'(1971) 등에 의해 45년 동안 철저하게 인종적으로 차별받았다. 흑인 대부분은 수도, 전기, 의료 등의 공공 혜택을 거의 누리지 못한 채 농업 노동, 광산 노동, 제조 노동으로 가혹한 착취를 당했다.[07] 1960년 아프리카 민족회의(African National Congress, ANC)와 남아프리카공산당(South African Communist Party, SAPA)을 중심으로 본격적으로 전개되기 시작한 반反아파르트헤이트운동은, 1973년 더반 Durban에서의 총파업을 계기로 아파르트헤이트 정책이 폐지되는 1991년까지 전 국민적 투쟁을 이어갔다. 최저 생활 보장과 자신들의 권리를 주장하는 흑인의 요구에 대해, 백인 정부는 무차별적 폭력을 행사하여 수천 명의 사망자와 수만 명의 부상자를 발생시켰다.

대중운동을 선도했던 ANC는 1960년 샤프빌 투쟁 이후 활동을 전면 금지당하고, 만델라를 중심으로 한 무장 투쟁 조직 '민족의 창'이 한때 시민 항쟁을 대신하기도 했다. 그러나 '민족의 창' 지도자 만델라가 투옥되면서 반反아파르트헤

▲ 1976년 6월 16일, 학교 수업의 절반을 아프리칸스어로 진행해야 한다는 정부 방침에 항의하며 소웨토 지역의 흑인 학생들이 대규모 시위를 벌였다. 경찰의 강압적인 진압 때문에 무려 150여 명의 어린 학생들이 사망하는 참사가 벌어졌다.

이트운동은 노동자 중심으로 옮겨갔다. 1973년 이후, 본격화된 전국 총파업 투쟁을 계기로 노동운동은 1979년 백인 정부로부터 흑인 노동조합 단체협상의 지위를 얻어냈으며, 남아공노동조합회의(COSATU), 흑인노동조합회의(SACTU) 같은 조합 단체가 합법적으로 활동할 수 있게 되었다.

당시 노동 투쟁을 주도한 COSATU는 노동자의 권익 쟁취를 보다 확고히 하기 위해 정치권력의 투쟁으로 전환하여 아파르트헤이트 구조를 완전히 해체하고자 했다. 투옥된 만델라와 지하 활동 중인 ANC는 COSATU의 이 투쟁을 전적으로 지원했다.[08] 백인 정부가 노동법 개정을 통해 노조 투쟁을 억압하려 하자, 1988년 6월 3백만 명 이상이 참여하는 총파업이 단행되었다. 1986년 미국과 유엔의 결의로 실시된 경제 제재로 남아공의 경제 상황은 이미 최악이었으며, 경제적 주도권을 쥐고 있던 백인 자본가들은 벌써 남아공에서 이탈하기 시작했기 때문에, 백인 정부는 더 이상 공포와 억압을 통해 위기를 해결할 수 없었다. 이에 백인 정부는 1990년 투옥 중이던 만델라와 측근들을 석방하고, 아파르트헤이트 철폐 의지를 보임으로써 총선거를 통한 새로운 남아공 건설에 합의했다. 1994년 4월 총선에서 ANC는 62.25%의 지지를 획득하여 만델라를 최초의 흑인 대통령으로 선출했고, 그로써 3백여 년간 지속되었던 아파르트헤이트는 공식

▲ 최초의 다인종 대통령 선거에 참여하고 있는 만델라

적으로 종식되었다.

이렇게 ANC와 NP의 합의를 통해 다인종 국가 남아공이 출범하긴 했지만, 만델라에게는 다인종 '무지개 국가(Rainbow nation)'가 아파르트헤이트 정권과 완전히 다르다는 사실을 국내외에 확실하게 보여줄 필요성이 있었다. 남아공만은 여타 아프리카 신생 독립 국가들과 달리 식민 통치 시기의 조직과 질서에서 완전히 벗어나야 한다는 요구가 강했기 때문이다.[09] 정치적으로는 만델라가 석방된 1990년부터 총선거가 실시된 1994년까지 NP와 ANC, ANC와 인카타 자유당(Inkatha Freedom Party, IFP: 흑인 급진 세력), NP와 극우파 보수당(Conservative Party, CP) 간의 기득권 유지 및 권력 쟁취를 위한 투쟁으로 많은 사상자가 발생했다. 더욱이 다수 인종인 흑인 세력을 대표하는 ANC 내에서도 차후 출범할 '무지개 국가'의 방향에 대해 의견이 분분했다. ANC 내의 급진 세력은 만델라 석방과 아파르트헤이트 철폐에 큰 역할을 했던 COSATU의 사회주의적 경제 개혁에 동참하면서 만델라의 합의적 민주개혁에 걸림돌이 되기도 했다. 이처럼 만델라는 다양한 사회 세력들의 종족적, 민족주의적, 분리주의적인 위협에 동시적으로 대처할 필요가 있었다.

그러나 정치적인 아파르트헤이트 철폐 이후 무지개 국가 건설의 또 다른 중대한 걸림돌은 경제적인 아파르트헤이트라고 할 수 있는 경제 불평등 구조였다. 1980년대 중반 이후 반아파르트헤이트 운동이 본격화되면서 소요 사태가 일상화되고, 국제 사회의 강도 높은 경제 제재로 경기 침체가 구조화되면서, 남아공 경제는 최악의 사태에 몰려 있었다. 아파르트헤이트 철폐, 그리고 '진실과 화해 위원회(Truth and Reconciliation Commission)'를 통한 사회 통합의 노력에도 불구하고 폭력 사태가 빈발하면서, 남아공의 백인 자본은 계속 국외로 유출되었다. 또한, 신정부가 들어섰음에도 남아공에 대한 해외 투자는 잘 이루어지지 못했다. 예를 들어, 아파르트헤이트 철폐 이후 백인 정부 시대에 남아공의 전력을 독점 공급했던 전력공사(ESKOM)의 시설 투자 부족과 유지 관리 소홀로 전력 공급이 급격하게 하락하면서 남아공 산업 발전에 큰 지장을 초래했다. 더욱이 인구의 80%를 차지하는 흑인의 실업률은 백인의 5%에 비해 23%로 높은 상태였으며, 남아공의 빈곤률은 1995년 당시 51.1%(2002년 48.5%)로 심각한 수준에 도달해 있었다.[10]

그뿐만 아니라 아파르트헤이트 철폐 과정에서 누구보다 공이 컸던 아프리카 흑인 노조들이 바라는 사회주의적 경제 발전은, 만델라가 생각하는 '남아프리카인이든 외국인이든 사업가들이 투자의 안정성에 대해 확신을 갖고, 자본의 회수에 대해 안심할 수 있는 상황을 만들어주려는'[11] 계획을 어

〈표 1〉 인종 분포에 따른 남아공 사회 상황

구분		백인	흑인
인구 분포	인구수(1974)	4,160,000	17,745,000
	토지소유면적(㎢)	1,068,179	152,322
	토지소유(%)	87.5	12.5
의료 혜택	의사(1명)	370	45,000
	유아사망률(%)	2.7	20~50
	결핵환자 수	824	55,398
임금 및 노동 조건	광부 월급(rands)	663	71
	산업 노동자 월급(rands)	512	109
	실업자 수	381,338	624,380
정치 권한	선거권(%)	100	0

출처: Jean Ziegler, *Main bass sur l'Afrique*, Paris: Ed. Seuil, 1980, p. 158.

럽게 만드는 것이었다. '무지개 국가'를 건설하고자 하는 만
델라의 열정은 거대했지만 이를 성공시킬 수단과 환경은 매
우 열악했다.

새로운 남아공은 고질화된 흑백 갈등과 흑흑 갈등을 사회
적으로 통합해 안정 정국으로 이끌기 위해 아파르트헤이트
가 발생시킨 모든 구조를 혁파해야 했다. 이를 위해서는 남
아공의 대대적인 경제 개혁이 무엇보다 중요했다. 하지만 남
아공의 '무지개 국가' 건설은 3백여 년간 남아프리카 흑인을
비인류적으로 분할 통치하고 억압·착취했을 뿐만 아니라 남
아프리카의 경제권을 쥐고 흔들었던 백인 세력을, 추방이 아

닌 협의의 대상으로 만드는 것부터 시작해야 했다. 특히 만델라가 정권을 잡은 시기는 자본주의 시장경제를 바탕으로 한 신자유주의 체제가 이미 시작된 상황이었다. 아프리카 발전 모델로 선호되었던 소련식 발전 모델은 무용지물이 되었고, 세계화와 더불어 제3세계의 정치 문제는 경제 발전과 불가분의 관계가 되었다.[12] 특히 남아공 경제의 86%가 15%의 소수 백인에 의해 독점되어 있고, 남아공 인구의 80%를 차지하는 대부분 흑인은 극빈층에 속해 있다는 점에서, 경제 문제는 정치 개혁과 함께 진행될 수밖에 없었다.

입헌주의 민주국가의 건설

헌법은 국가라는 공동체의 질서 유지에 대한 국민적 합의를 논리적으로 법 체계화한 기본법을 말한다. 특히 헌법은 평등 원칙에 따라 개인의 기본권을 보장하는 근본적인 규범이라는 점에서, 사회를 통합하는 중요한 기능을 가지고 있다.[13] 새로운 남아공은 불균형적이고 동질성이 없는 다인종 사회로 출발했다. 특히 아파르트헤이트 철폐 이전의 남아공 사회는 소수 백인의 정치와 법이 권력을 통해 다수 흑인을 일방적으로 지배하는 구조였지만, 그 권력을 효과적으로 제한하고 억제할 수 있는 최상위의 법 체계는 거의 존재하지 않았다. 따라서 국가에 의해 저질러진 법 위반을 판단하고 바로잡을 헌법재판소 같은 기관도 존재하지 않았다.[14] 뿐만 아니라 인종 차별 없이 남아공의 모든 국민이 법 앞의 평등과 기본권을 보장받도록 해주는 어떤 법도 제정되지 않았다. 무엇보다, 흑인은 입법안을 만들고 처리하는 의회에서 완전히 배제되었기 때문에, 불공정한 헌법을 제재하고 개정할 수 있는 권한과 기회를 원천적으로 가질 수가 없었다.

이처럼 국가가 멋대로 권력을 행사하고 남용하면 악순환 관계가 증폭될 수밖에 없다. 국민이 국가로부터 자유를 보장받기 어려워지면, 국민은 국가에서 멀어진다. 하지만 헌법과 상관없이 남아공 백인 정부는 흑인에게 그들이 참여하지도 못하는 의회가[15] 제정한 법률을 엄격하게 적용했다. 의회에서 제정하는 모든 법률은 다른 법보다 우선하는 '최고 권한성'을 가졌기 때문에, 헌법에 저촉되는 남아공 의회의 법률 제정을 막을 수 있는 법적·제도적 장치는 거의 없었다.

따라서 만델라로서는 아파르트헤이트 정권의 의회중심주의가 빚은 병폐를 없앨 뿐만 아니라, 새로운 남아공의 권력 구조와 사회 체제 전반의 나아갈 방향을 제시해주고, 다원성에 기반을 두는 기본권의 보장을 제도화할 원칙을 마련해야 했다. 만델라가 1990년 이후 가장 먼저 드 클레르크De Klerk와

4년이라는 긴 시간 동안 헌법 제정(잠정 헌법)에 심혈을 기울인 것도, 초기 헌법 제정을 더욱 확고히 함으로써 국가와 국민, 그리고 사회 구성원 간의 신뢰를 법적으로 조성할 필요가 있었기 때문이다.

특히 만델라는 경제 문제 해결이 시급함에도 국민의 신뢰에 바탕한 완전한 헌법 제정을 위해 1994년부터 1996년 10월 의회에서 신헌법이 통과될 때까지[16] 다양한 방법을 동원하여 국민에게 홍보하며 이를 통해 국민으로부터 들어온 다양한 제안을 검토하는 신중함을 보이기도 했다.[17]

이처럼 만델라는 장기간의 토의와 홍보 과정을 거쳐 헌법을 제정함으로써 남아공 국민의 이념적·종족적·인종적·정파적 관심을 헌법으로 돌려 헌법의 중요성을 부각시키고, 헌법에 따라 통치되는 새로운 남아공의 원칙을 보편화하는 데 주력했다. 특히 신헌법 제2조는 헌법의 최고 우위성을 확립시키고, 헌법에 합치하지 않는 모든 법과 행위를 무효화시킬 수 있음을 강조했다. 그뿐만 아니라 헌법에 규정된 의무는 반드시 완수됨을 규정하여, 남아공의 국민이 헌법 외에 어떤 규정이나 기관에 의해(국가도 포함) 차별받거나 부당하게 억압받지 않음을 명시했다. 즉 인종 차별 같은 제도나 법의 출현 가능성을 사전에 차단하겠다는 강한 의지를 보여준 것이다. 이는 향후 정부나 권력 기관에 의해 또 다른 인종 차별이 자행될 수 없도록 하며, 남아공의 모든 구성원의 권리와 자유를 국가가 아닌 헌법으로 보장함으로써 본질적인 헌법 내용의 침해를 금지한다는 것이었다. 헌법은 '상호성의 원칙,' 즉 국민이 최소한 누려야 하는 기본적 권리를 제시하고 있기 때문에, 대부분의 경우 국민의 지지를 받게 마련이다.

만델라는 아파르트헤이트로 인해 '보편적인 원칙'이 전혀 지켜지지 않았던 남아공의 정치·사회 질서를 확고히 세우고, 보편적 원칙이 지켜지는 무지개 국가를 건설하고자 했다. 아프리카 사회에서 '보편적 원칙'이란 아프리카의 기본적인 사회 문화와 전통 문화가 '수입된 제도와 문화'에 의해 무시되거나 폄하되지 않는 것을 의미한다.[18] 남아공뿐만 아니라 대부분의 아프리카 사회에서 '보편적 원칙'은 서구 사회의 '보편성'을 기준 삼아 '특수성'으로 취급되어 왜곡·비판받아왔다. 만델라는 아파르트헤이트로 인해 왜곡되고 침해받은 남아공의 기본적인 사회 질서를 제자리로 돌려놓고, 차후 이러한 문제가 발생할 여지가 없도록 사전에 예방하고자 했다. 총 13장 243조로 구성된 남아공 헌법이 소수 종족의 언어뿐만 아니라 전통 지도자를 보호하고 있는 것은 그런 목적에서였다.[19]

특히 헌법 제9조 2항은 '차별 철폐 조치(affirmative action)'를 규정하고 있다. 이것은 피부·국적·성별·신체 조건 등 16개

항목에 대한 정치적·사회적·경제적 차별을 금지하고, 이를 위해 다양한 입법 조치를 할 수 있게 했다. 즉 동기가 무엇이든 간에 모든 원초적인 인종 차별을 금지함으로써 사회적 통합을 헌법적으로 정착시키겠다는 만델라 정부의 의지가 들어 있는 중요한 단서이다. 남아공 헌법의 핵심이라 할 수 있는 '적극적 차별 시정 조치'는 1차적으로 법률적 조치이지만, 만델라의 집권 이념과 다름이 없다.[20]

남아공뿐만 아니라 대부분 아프리카 국가들에서 민주주의 발전이 더딘 것은, 규칙 제정을 게을리 했거나 제정된 규칙이 준수되지 못한 데 근본적인 원인이 있었다. 때문에 낮은 수준의 남아공 제도화를 극복하기 위해 만델라가 선택한 것은 '의회 우위' 국가가 아닌 '입헌적 민주국가'였다. 특히 1994년 남아공의 초기 민주주의에서는 대부분 국민이 모든 것을 할 수 있는 권리가 있다는[21] 생각이 너무 지배적이었기 때문에, 자칫 자기파괴적 결과가 나타날 위험이 있었다. 즉 흑인이 다수를 차지하는 남아공에서 민주주의의 철칙인 다수결 원칙에 무조건 따를 경우, 흑인 다수에 의해 소수 백인에 대한 인종 차별이라는 또 다른 문제가 일어날 수 있었던 것이다. 따라서 만델라 시대에 헌법은 남아공에서 어떤 다른 법보다 우선하는 법, 정치 지도자나 추종자들은 물론 국민 모두가 지켜야 할 합의된 게임 규칙의 위상을 부여받았다. 남아공의 앞선 지도자들이 절차적 민주주의 체제로의 이행을 합의했다면, 만델라는 남아공의 민주주의 이상理想과 범국민적 합의를 헌법을 통해 달성했다고 할 수 있다.

만델라와 포퓰리즘

'소수'를 배려하는 다인종 화해 정책

만델라의 가장 큰 치적治績은 3백 년 동안 사회 곳곳에 뿌리내린 흑백 갈등, 흑흑 갈등과 분노를 인종적으로 화해시킨 것이다. 3백 년 동안 남아공의 흑인 수만 명이 법적 절차와 흑인 인권을 무시한 백인 국가권력의 폭력에 죽고 다쳤다. 뿐만 아니라 백인은 한편으로는 인종 차별적 법 제정과 집행을 통해, 다른 한편 정치 참여 배제와 국가안전부 비밀경찰의 억압을 통해, 다수 인종인 흑인 약 1,100만 명(1970년 당시)에 대한 자신들의 지배를 정당화해왔다. 백인 정부는 약 30여 개 이상의 인종 차별적 법을 제정해 흑인을 탄압했다. 계급 간의 합의를 통해 출범한 만델라 정부에게는, 인종적으로 분리된 남아공 사회를 인종적으로 통합된 사회로 전환시키는 일이 무엇보다 시급했다. 이 남아공 '무지개 국가'를 성공적으로 건설하기 위해서는 시민이 자율적으로 동의할 수

있는 환경 조성이 우선되어야 했다.[22]

만델라는 취임사에서 남아공의 억압자와 피억압자 모두가 공포, 두려움, 저주로부터 해방되어야 한다고 강조하면서, 이는 어느 한 인종의 문제가 아니라 남아공 사회를 구성하는 모든 인종의 문제임을 인식시키고자 했다.[23] 그리고 대통령에 부임하자마자 아파르트헤이트의 피해자인 흑인의 반대를 무릅쓰고 1995년 7월 25일 '국민 통일 및 화해 촉진법(The Promotion of Nationale Unity and reconciliation Act)'을 제정하고, 투투Desmond Tutu 대주교를 위원장으로 17인의 '진실과 화해 위원회'(이하 '진화위')를 출범시켰다.[24] 진화위는 '기억'을 통해 인종 간의 화해를 모색하고, 더불어 살아가는 무지개 민주국가의 초석을 만드는 중요한 과정이었다. 진화위는 피해자인 흑인에게 '기억'을 통해 인종 폭력 및 학살 상황과 정신적 아픔을 치유하게 하고, 다른 한편 가해자(대부분 백인)들에게도 자신들이 행한 행동을 '기억'하게 함으로써 비극의 재발을 막고자 했다. '기억'과 '화해'를 통해 폭력과 억압의 과거를 치유하려 한 것이다. 화해라는 것은 하나의 성숙한 정치 문화로서 민주주의적 관용의 기본적인 행동 규범이다.[25]

하지만 극도로 분열된 사회에서 시민의 자발적인 의지로 통합을 이룬다는 것은 거의 불가능한 일이었다. 특히 만델라의 경우, 다수 흑인의 지지를 통해 대통령에 선출되었다는 점에서 아파르트헤이트에 의한 파렴치한 범죄를 단호하고 강력하게 단죄하면서 단시일 내에 사회적 통합을 이룬다는 선택도 가능했을 것이다. 만델라 신정부가 인종 차별의 가장 큰 피해자인 흑인의 편에 서서 가해자인 백인을 정치적으로 탄압한다 해도 도덕적으로 리더십에 큰 문제는 되지 않았을 것이다. 그럼에도 만델라는 다수 흑인의 비난까지 감수하면서[26] 억압이 아닌 화해를 전제로 한 진화위 활동을 독려했다.

만델라는 또한 진화위의 조사 활동을 가해자 개인으로 국한했다. 즉 백인의 인종 탄압(일부 흑인에 의한 탄압도 해당됨)으로 인한 '기억'과 '화해'를 개인에게 한정시킴으로써, 집단이주법, 강제이주법, 인종차별법 등 집단적 행위를 가능케 했던 보타Pieter Botha나 드 클레르크Frederik de Klerk 같은 지도자에 대한 진상 규명과 실질적인 화해는 거의 이루어지지 않았다. 이런 점에서 만델라는 자신에게 돌아올 비난을 두려워하거나, 피해자인 다수 흑인의 백인에 대한 맹목적인 복수심에 편승하지 않고, 처벌보다는 남아공이 오랜 기간 끊임없이 고민해야 할 다인종 시민사회의 건설에 역점을 두었음을 알 수 있다. 더욱이 만델라에게는 절차적인 민주 사회가 아닌 '차이'를 인정하는 관용에 바탕을 둔 민주 사회의 건설이 중요했다. 진화위가 진실을 전제로 하는 자발적인 화해 문화를 조성하기 위해 아파르트헤이트 정책 책임자인 백인 지도자들

▲ 1992년 1월 다보스에서 열린 세계경제포럼의 연례회의에서 만난 드 클레르크와 만델라가 악수를 나누고 있다. 만델라와 드 클레르크는 이 자리에서 인종적 화해를 대중 앞에 약속했다.

에 대한 진상 규명을 강행하지 않은 것은 그런 이유일 것이다. 이에 대한 불만은 피해자인 일반 흑인 시민뿐만 아니라 일부 흑인 지도자들에게서도 나타났다. 예를 들어 만델라의 권력 기반인 ANC 내에서도 진화위의 결과 보고서가 당에 불미스러운 영향을 미친다면서 최종 보고서의 출판을 반대하는 움직임이 있었다. 또한 만델라에 이어 2대 흑인 대통령이 된 음베키Thabo Mbeki는 보고서의 오류 및 과오를 강도 높게 비판하기도 했다. 반면 드 클레르크는 건의를 통해 자신에게 불리하게 작성된 평가 가운데 반쪽 분량의 내용을 최종 출판 직전에 철회시키는 데 성공했다.[27]

이런 문제점들에도 불구하고, 진화위 활동은 다수에 의해 소수가 억압되는 민주 사회를 만들지 않으려는 만델라의 정치적 과정으로서 중요한 의미를 지닌다. 진화위는 만델라 정치의 최우선 목적은 아니었다. 하지만 우리는 진화위를 통해 남아공이 처한 환경에 대한 통제력과 적응성을 갖춘 만델라의 '상황적 카리스마'의 일면을 엿볼 수 있다.[28]

'다수'의 횡포를 억제하는 경제 정책

1994년 아파르트헤이트에서 해방된 새로운 남아공의 두 번째 중요한 변화는 정치 참여의 확대였다. 1994년에 최초로 다인종 총선거가 실시되어 만델라는 의회의 간접선거를

정당	득표율(%)	의석
ANC(아프리카민족회의)	62.25	252
NP/NNP(신국민당)	20.39	82
IFP(인카타 자유당)	10.34	43
DP(민주당)	1.73	7
FF/VF(자유선진당)	2.17	9
PAC(범아프리카회의)	1.25	5

통해 대통령으로 선출되었고, ANC는 국민당, 인카타 자유
당과 함께 '국민통일정부(Government of National Unity, GNU)'를 구
성했다. 1994년 총선을 통해 흑·백인 세력을 대표하는 여러
정당이 득표율에 따라 의석을 배정받음으로써 권력 분점이
어느 정도 현실화되었다. 특히 각 정당은 국민을 대표한다
는 점에서 최소 득표만 획득해도 의석을 배정받았다〈표 2〉 참
조).[29]

뿐만 아니라 '국민통일정부'의 내각은 각 정당의 총선거
득표율에 따라 구성되었다. 이렇게, 정치권력으로 말미암은
인종 차별 정책은 권력 분점을 통해 어느 정도 합의적으로
해소되었다.[30] 백인은 정치권력의 기득권을 일부 양보했고,
흑인은 아파르트헤이트로 인해 갖지 못했던 정치권력을 획
득했다.

하지만 경제 권력은 여전히 백인에 의해 거의 독점되어 있었다. 이는 사회적인 기본 인프라(교육, 위생, 직업 등)와 밀접하게 연관되어 있어, 정치권력처럼 단시일 내에 해결될 수 있는 것이 아니었다. 남아공 흑인의 약 50%가 최저생계비 수준 이하의 소득으로 살아가고 있으며, 세계은행의 통계에 따르면 남아공 전체 인구의 약 23.8%가 하루 2달러 미만으로 생활하는 것으로 나타났다.[31] 1995년 남아공의 실업률은 29%였으며 그나마 취업자 중 12%만이 정규직이었다.

이처럼 아파르트헤이트 정책은 단순히 피부색에 의한 차별을 넘어 흑인의 기본적인 잠재력까지 억제했기 때문에, 왜곡된 경제 구조를 개혁해 억제된 흑인의 잠재력을 경제 성장의 원동력과 연결시킬 필요성이 있었다.[32] 그 때문에 만델라는 "민주주의에서는 선거권이 무엇보다 중요하지만, 민주주의는 국민 삶의 질에 의해 측정되어야 한다"는 점을 강조했다. 즉 만델라에게 경제 개혁과 경제 활성화는 온전한 민주주의 정치를 제도화하는 중요한 수단이었던 것이다. 하지만 이를 위해서는 자신들의 기존 경제 권력을 지키려는 백인 세력과 남아공의 불평등한 경제 구조의 전면적인 개혁을 요구하는 COSATU의 이해관계를 조정하여 합리적인 경제 개혁으로 이끌어가기 위한 힘겨운 협상이 불가피했다. 특히 만델라가 대통령이 되는 데는 아파르트헤이트에 대항해온 그의 투쟁사도 중요한 영향을 미쳤지만, 남아프리카 흑인의 경제적 이해관계를 대변하는 COSATU와 SACP의 역할이 컸다는 점에서,[33] 경제 문제는 만델라의 리더십을 가늠하는 중요한 요소였다.

하지만 만델라에게는 딜레마가 있었다. 한편으로 남아공 하층 경제의 대부분을 차지하는 흑인 노동자의 권익을 증대하고 보호해야 했지만, 다른 한편 비록 아파르트헤이트로 남아공 경제를 극도로 불균형하게 만든 이들이라 해도 남아공 시민으로서 백인의 이해관계 역시 고려해야 했던 것이다.[34]

남아공 빈곤 계층의 다수인 흑인의 이해관계를 대표하는 COSATU와 SACP는, 아파르트헤이트에 의해 왜곡된 경제 구조를 전면 수정하기 위해 중요 산업 국유화, 공공 서비스 확대 등 국가의 분배 역할을 강조했다. 1990년 9월 하레레에서의 대중 연설을 통해 만델라도 어느 정도 이에 대한 공감을 표했다. 하지만 1992년부터 만델라는 COSATU와 SACP가 주장하는 경제 개혁은 위험천만한 포퓰리즘 정책이라고 비난했다. 그리고 새로운 경제 성장을 위해서는 근본적인 경제 욕구를 만족시키는 것을 우선시해야 한다고 주장했다. 이를 위해 해외 투자 환경을 조성하고 유인할 필요성이 강조되었다.

만델라가 1991년~1994년 동안 미국, 영국, 프랑스 등 해외 방문을 활발히 한 것은, 남아공에 대한 해외 투자를 유인하고 이를 통해 COSATU와 SACP, 그리고 이에 동조하는 ANC 내의 일부 진보 세력들이 주장하는 국영화 경제 정책을 견제하기 위해서였다. 이후 국영화는 ANC의 주요 경제 정책에서 2순위로 밀려났고, 1994년 '재건과 개발 프로그램(Reconstruction and Development Program, RDP)이라는 신경제 정책이 출범했다.

그렇다고 경제 문제에서 국가의 역할이 약화된 것은 아니었다. RDP는 '발전'과 '재건'을 목표로 경제 구조 쇄신에 필요한 시장의 방향을 설정하고 통제하는 역할을 국가에 맡겼다.[35] RDP는 주로 공공 서비스의 재분배를 통해 흑인의 고용을 촉진하고, 주거 환경을 개선함으로써 흑인의 삶의 질을 높이고 안정시켜 지속적인 성장 기반을 만드는 데 초점을 맞추었다. 이를 통해 아파르트헤이트로 억압되었던 잠재력을 표출시키고 경제 성장을 유도함으로써 흑인의 경제력 상승을 바탕으로 소득 재분배를 달성시킨다는 것이었다.

만델라는 국가가 소수 인종인 백인의 경제 권력을 강제로 몰수하고 재분배함으로써 다수 인종의 횡포를 통해 비민주적 경제 발전을 이루는 것을 원하지 않았다. 비록 RDP 정책은 시행 2년 만에 중단되어 실패로 돌아갔지만, 1996년 6월 14일 발표된 '성장·일자리·재분배 정책(GEAR)'은 만델라의 기본 발전 정책인 정상적인 경제 발전과 안정적인 성장의 원칙을 여전히 담고 있었다. 다만, 만델라의 이런 경제 정책은 다른 정치 세력과 국민의 대대적인 지지에도 불구하고 '소득의 재분배'와 '고용 창출'이라는 면에서 그다지 성공적이지는 못했다.[36]

ANC의 원칙주의자들은 만델라의 경제 정책은 배신이라고 비난했지만, 만델라는 민주주의라는 이름으로 남아공의 다수를 차지하는 흑인만의 권익을 위해 무리한 경제 정책을 추진하기보다는, 남아공의 '모두'를 수용할 수 있는 정책을 선택했다. 1994년에 일어난 르완다 사태는, 다수 인종에 의한 소수 인종의 억압과 학대로 인해 백일 동안 백만 명이 죽고 3백만 명이 난민이 된 사건이었다. 전형적인 다수의 폭력으로 빚어진 비극이었다. 따라서 만델라는 아파르트헤이트라는 엄청난 범죄를 저지른 소수 집단인 백인에게 민주적인 관용을 베풀어, 남아공의 모든 국민이 서로 무시하거나 혐오하지 않는 사회를 만들고자 노력했던 것이다.

민주주의로 가는 길

20세기 말, 세계에서 가장 복잡하고 어려운 정권 이행 과정을 거친 나라는 1994년의 남아공일 것이다. 남아공의 갈등은 아프리카에서 흔히 일어났던 흑흑 갈등이 아니라 흑백 갈등이었다. 특히 아파르트헤이트 폐지 이후, 경제적 기득권을 보존하려는 백인 세력과 정치권력을 획득한 새로운 흑인 통치 집단 간의 갈등은 인종적 화합뿐만 아니라 남아공 민주화와 경제 발전에 큰 걸림돌로 작용했다.

하지만 5년의 짧은 임기 동안 남아공 사회를 화합과 관용의 사회로 만들고자 한 만델라의 리더십은, 민주주의가 과연 무엇인지 다시 생각할 수 있는 중대한 기회를 주었다. 민주주의의 가장 기본적인 원칙은 대의 제도이고, 대의 제도는 다수결에 의해 모든 정책을 결정한다. 그 과정에서 소수는 항상 정치로부터 배제되었다. 기 에르메^{Guy Hermet}는 『민주주의로 가는 길』에서, 민주주의는 "자유 체제를 수립 혹은 재건하는 과정이나 결과와 관계되는데, 이때의 결과는 그렇게 수립된 체제가 국민의 의사와 인간의 권리를 얼마만큼이나 진정으로 존중하는가 하는 차원에서뿐만 아니라 얼마나 지속적으로 뿌리 내리도록 하는가 하는 차원에서 평가된다"고 했다.[37] 즉 민주주의는 다수의 횡포를 용인하는 것이 아니다. 오히려 다수에 의해 소수가 보호받을 수 있게 하는 것이 진정성 있는 민주주의의 길일 것이다.

물론 만델라는 아파르트헤이트의 유산 청산과 관련해서는

국민 대다수가 만족할 만한 효과적인 리더십을 구사하지 못했다. 하지만 그는 남아공의 열악한 통치 환경 속에서—때로는 측근으로부터 배신자라는 소리까지 들어가며—냉철한 분석과 판단을 바탕으로 국가 관리 체제를 구축해냈다. 만델라는 자신에게 주어진 권력을 휘두르려는 욕망에 쉽게 빠지지 않았고, 이해관계를 조정하고 타협점을 만들어가는 '조정자(broker)'의 역할을 중시했다. 특히 만델라가 1994년 다인종 선거에서 승리한 뒤 국민에게 한 말은, 어느 쪽에도 치우치지 않으려는 그의 리더십을 잘 보여준다. "선거 다음 날 벤츠를 몰고 다닌다거나 집 뒷마당 수영장에서 수영할 수 있으리라고 기대하지 마십시오. 나는 여러분 자신의 자존심을 높이고 여러분 나라의 시민이 되도록 하는 것 외에는 생활에 극적인 변화를 줄 수 없을 것입니다."

이한규
한국외국어대학 아프리카연구소 HK연구교수로 재직 중이다. 아프리카 정치 행태 및 발전을 전공했고, 최근의 관심 주제는 아프리카 사회와 여성 문제이다. 「아프리카의 민주혁명」, 「탈냉전 이후 아프리카 민주화 과정과 과제」, 「아프리카 여성의 정치 참여」, 「미국에 대해 'No'라고 말하는 아프리카의 지도자」, 「아프리카 지방 분권화에 대한 고찰」 등의 논문을 썼다.

지도자들 ⎯⎯⎯⎯⎯

팔메

약자의 편에 선 비타협적 사민주의자

"지난 20년간 스웨덴 정치에는 친親팔메와 반反팔메, 그리고 팔메, 이렇게만 있었다."

—칼 빌트

2012년 스웨덴 예테보리대학교의 여론조사 연구 기관인 솜(SOM)이 스웨덴 국민을 대상으로 존경하는 사람이 누구인지 물었다. 1위가 넬슨 만델라Nelson Mandela(8.9%), 2위가 어머니(8.5%), 3위가 올로프 팔메Olof Palme(7.9%)였다.[01]

스웨덴에는 연구할 만한 정치인이 많다. 팔메(1927~1986) 이전 23년간 총리로 일하며 스웨덴을 번영으로 이끌었던 타게 에를란데르Tage Erlander, 그 전에 14년간 총리를 지내며 타고난 외교술로 스웨덴을 전쟁의 포화에서 지켜낸 페르 알빈 한손 Per Albin Hansson도 있다. 특히 한손은 스웨덴 복지를 말할 때마다 등장하는 '국민의 집'을 내세우며 복지 국가 건설의 주춧돌을 놓았다. 격렬한 쟁의와 파업으로 유명하던 스웨덴에 노사가 자율적으로 분쟁을 해결하는 생산적 노사 관계의 틀을 자리 잡게 한 살트셰바덴 협약(Saltsjöbaden Agreement)도 한손 시절에 이루어졌다.

팔메 외에 순위에 오른 스웨덴 출신 정치인 또는 정부 각료로는 외교부장관 출신으로 제2대 유엔 사무총장을 지낸 다그 함마르셸드Dag Hammarskold와 말총머리의 괴짜 재무부장관인 안데르스 보리Anders Borg가 있다. 재미있게도 세 사람 모두 일반적으로 스웨덴 사회가 공유하는 미덕과는 거리가 먼 인물들이다.

북유럽 문화의 특징을 말할 때 제일 처음 듣게 되는 말 중의 하나가 '얀테의 규범(Jante Lagen)'이다. '당신이 특별히 잘났다고 생각하지 말라'로 시작하는 얀테의 규범이 깊이 뿌리내린 북유럽 정서상, 누구든 튀는 것을 그다지 반기지 않는다. "적당히가 최고(Lagom är bäst)"라는 격언처럼, 모든 것에 있어 '라곰Lagom(적당히)'이 미덕이다.

그러나 팔메는 마치 스타처럼 연설 때마다 관중을 몰고 다니는 카리스마 넘치는 지도자였고, 함마르셸드는 유엔 안전보장이사회의 그늘에서 벗어나 독자적 행보를 취한 사무총장으로 열강의 견제를 받았다. 셋 중 유일하게 살아 있는 인물이자 스웨덴 보수당의 경제통인 보리는 '화산처럼 아이디어가 넘치는' 정책가로 보수주의자인 동시에 페미니스트로 알려져 있다. 모두 스웨덴 밖에서도 유명세를 탔다.

팔메의 정치적 행보나 개인적 성향은 '라곰'과 거리가 멀다. 전 총리들과 달리 '튀는 정치인'이었던 팔메가 순위에 오른 것은, 당 대표로 또 총리로 합의를 통해 결론을 도출하는 역할에 충실했던 여타 총리와 달리 '팔메당'이라 불렸을 정도로 강력했던 그의 지도력에 대한 방증이기도 하다.[02]

지난 2011년 2월 28일을 기해 팔메 암살 사건의 공소시효가 완료되었다. 그러나 국내외에 부정적 여론이 들끓자 스웨덴 정부는 팔메의 사건을 포함한 특별범죄에 한해 공소시효를 없애기로 했다. 2012년에는 팔메에 대한 다큐멘터리가 개봉되어 스웨덴 내에서 팔메에 대한 재조명이 이루어졌다.

정치인으로서 팔메에게 외교적이라든지, 중간자적인 입장이라든지 하는 것은 없었다. 그는 "정치인은 모든 일에 반드시 책임을 져야 하며, 복합적인 문제 앞에서 자신의 입장을 선택할 수 있어야 한다"고 했다. 호불호가 분명한 사람이었고, 그것이 그의 매력이었다. 팔메에 대한 사람들의 태도 또한 호불호가 분명했다. 팔메가 세상을 떠난 뒤 반대파인 보수당의 지도자 칼 빌트Carl Bildt는 "지난 20년간 스웨덴 정치에는 친親팔메와 반反팔메, 그리고 팔메, 이렇게만 있었다"고 말했을 정도다.[03] 괴한의 총격으로 유명을 달리한 지 26년이 지난 오늘도, 팔메는 스웨덴 정치를 지배하고 있다는 평이다. 한 정치 평론가는 '팔메 르네상스'라고까지 불렀다. 선거에 패한 사회민주노동당(이하 사민당)에게 필요한 것은 팔메와 같은 지도자라며 '팔메 지표'를 말하기도 했다.[04]

팔메는 1969~76년, 1982~86년까지, 중간에 사민당이 44년 만에 처음으로 보수 연합에 정권을 내주었던 6년의 공백을 사이에 두고 두 차례에 걸쳐 총 10년간 총리 자리에 있었다. 1953년, 27살의 팔메는 7년차 총리 에를란데르의 보좌관으로 정치에 입문했다. 손꼽히는 명문가 출신으로 5개

국어에 능통하고, 미국 유학까지 다녀온 팔메가 스웨덴의 블루칼라 노동자를 대변하는 사민당에 들어갔을 때 집안에서도 당에서도 반기는 사람이 없었다. 왕당파와 가까이 지내던 보수적인 분위기의 팔메 가족은 "그 뛰어난 재능을 나라를 망치는 데 쓰다니 슬프기 그지없다"라고 했다.[05] 팔메가 속해 있던 부르주아 계층은 팔메를 '계급의 배신자'라고 불렀다. 초기에는 사민당 내에서도 팔메를 고깝게 보았다. 노동운동 출신으로 당의 중심 세력을 형성하고 있던 이들은 팔메의 정치 활동이 노동자에 대한 진지한 이해 없이 호기를 부리는 것이라고 했다. 사실 팔메에게는 노동운동에 대한 경험도, 노동자로 살아본 이력도 없었다. 하지만 팔메의 가까운 친구에 따르면, 정치 인생을 시작하기 전에도 팔메는 그 '심장까지 사민주의자'였다고 한다.[06]

개인보다 당이 먼저

내각책임제를 채택하고 있는 스웨덴 유권자는 원칙적으로 당에 투표한다. 다수당의 대표가 총리가 된다. 당 대표의 가장 큰 책임은 당을 조화롭게 이끄는 것이다. 팔메는 총리가 되기 직전에 영국 언론과 했던 인터뷰에서, 총리가 독보적인

▲ 보좌관 시절 팔메와 당시 총리였던 타게 에를란데르(왼쪽)가 함께 회의 자료를 보고 있다. 1969년 팔메는 타게 에를란데르의 뒤를 이어 스웨덴 총리 겸 사민당 대표직에 올랐다.

지도자로 여겨지는 다른 나라와 달리, 합의주의 전통이 강한 스웨덴에서는 총리 역시 '한 팀의 일원'이라는 인식이 강하다고 했다. 총리가 되려면 "당에 대한 신뢰, 그리고 지도자라기보다는 팀의 일원이라는 생각을 가져야 한다"며, 총리는 "팀원인 동시에 지도자의 역할을 균형 있게 감당할 수 있어야 하며, 정치인은 자신의 신념 위에 굳건히 서서 이상을 이루기 위해 노력하는 사람이어야 한다"고 했다. 당을 우선하는 정신은 "정치인으로 권좌에 오르고 싶더라도 자신이 팀 안에서 더 잘할 수 있는 일이 있다면 야심을 제한할 수 있다"는 팔메의 대답에서 잘 드러난다.[07]

이와 같은 전통은 팔메 이전부터 뿌리내린 것이었다. 한 예로 1920년대 말, 페르 알빈 한손이 사민당의 지도자로 있을 때 당내에 분열이 있었다. 당내 좌파 그룹에서 한손 대신 비그포르스Ernst Wigforss를 당의 지도자로 추대했다. 그러나 비그포르스는 "비록 급진파의 견해가 올바른 것이고 당 전체의 입장이 될 수 있을지라도, 그 과정에서 당의 통합이 깨진다면 아무것도 성취할 수 없다"라며 한손에게 힘을 실어주었다. 세계대전을 거치면서 스웨덴을 전쟁의 포화에서 지켜낸 한손은 대중의 지지를 한 몸에 받았다. 반대 세력조차 한손을 비난하기 어려웠다고 한다. 이때 한손 대신 정책에 대한 비판과 비난을 받아낸 사람이 비그포르스와 뮈르달Gunnar

Myrdal이었다.[08]

입헌군주제인 스웨덴에서는 팔메 이전까지만 해도 총리를 정치 지도자라기보다는 행정 지도자로 보았다. 총리의 주요 역할은 여러 부서의 의견과 이익의 충돌을 조율하는 것으로 여겨졌다. 스웨덴식 합의주의와 조정자로서의 총리 역할을 보자면, 타게 에를란데르가 가장 적합한 모델이 될 수 있을 것이다. 팔메는 전통적 총리의 역할에 정치의 기술과 역량을 더해 총리의 권한을 대폭 강화했다. 그 배경에는 일찍부터 에를란데르 곁에서 정치를 경험한 팔메가 합의주의의 한계를 느꼈다는 점이 크게 작용했다.

스웨덴의 제1정당인 사민당의 예를 들어 스웨덴식 합의주의의 장단점을 살펴보자. 1932년부터 1990년까지 전체 의회 의석의 40% 이상을 차지해온 사민당은 그야말로 거대 정당이다. 초등학교를 졸업하고 노동자로 일하다가 의회 의원이 된 사람부터 팔메 같은 부르주아 출신에 이르기까지, 스웨덴 의회는 다양한 출신으로 구성되어 있다. 같은 사민당 안에서도 좌우가 갈리고, 국방을 사이에 두고 매파와 비둘기파로 나뉜다. 그러나 암묵적인 규칙이 있다. 일단 당이 결정을 내리면 반드시 따른다는 것이다. 구성원이 합의해 내린 당의 결정을 존중하고 정 마음에 안 들면 탈당한다. 당에 대한 불만이나 공격은 내부에서는 얼마든지 할 수 있지만, 당을 나선 뒤에는 공격하지 않는 것이 불문율이다. 정치인으로서 권력을 지향하는 것이 당연함에도, 당을 위해 개인의 야망을 제한하고 당의 통합을 우선한다. 백 년이 가도록 같은 이름, 같은 정신의 정당이 이어지는 이유가 여기에 있다.

다당제를 채택하고 있는 스웨덴 의회에는 현재 8개의 정당이 진출해 있다. 사민당은 블루칼라 노동자 그룹에 뿌리를 둔 정당으로 노동운동의 역사와 함께 발전해왔다. 중도당은 농민을, 자유당은 교사나 고급 사무직에 속하는 계층을 주요 지지기반으로 두고 있었다. 각 당이 당의 지지자를 대변하는 과정에서 각기 다른 주장을 하는 것은 당연하다. 하지만 모든 정당이 공유하는 가치관과 목표가 있다. 평등을 중요시하고(극우당인 스웨덴민주당은 제외), 개인의 자유를 지향하며, 국가의 번영을 추구한다는 것이다. 정당별로 가는 길은 다르지만, 공공선을 위해서는 설혹 그 정책이 다른 당이 내놓은 것이라 해도 취하기를 망설이지 않는다.

스웨덴 복지 하면 제일 먼저 언급되는 '국민의 집'은 사실 보수당에서 먼저 말했다. 그러나 보수당의 복지 제도 제안을 이어받아 실행에 옮긴 것은 사민당이다. 지난 2010년 선거에서 우파 연합이 집권한 뒤 스웨덴의 사민주의가 힘을 잃게 될 것인지, 복지가 축소될 것인지 세계의 관심이 집중되었다. 보수당으로 새 내각이 구성된 뒤 당시 재무차관인 한

스 린드블라드Hans Lindblad는 다음과 같이 말했다.

기존의 스웨덴 복지 모델에서 후퇴하는 일은 없다. 모든 사람은 가난해질 수 있고, 따라서 우리는 모든 사람에게 복지를 제공한다. 온 국민이 시스템의 보호를 받아야 하기 때문에 보편적 복지를 지향한다. 우파의 대표들조차도 평등을 매우 중요하게 여긴다. 이것은 좌우에 상관없이 공유하는 가치다. 우리는 사민당의 주요 지지 세력이던 노동자들에게 보수당 역시 노동자의 당이 될 것이라 약속했다. 복지 지출을 줄이지 않고 중도 성향의 정책을 내놓았다. 보수당이 하는 일은 노동 인센티브를 개혁하고 관리를 강화하는 것으로 작은 조정은 있으나 큰 틀을 흔드는 일은 없다. 보수당이 복지 제도를 제안했고 사민당이 실행했다. 사민당이 개혁을 시작했고 우리는 그것을 강화하고 있다. 사민당이 그 일을 잘못했기 때문에 우리가 훔쳐온 것이다.[09]

한편 보수당의 공약을 두고 사민당에서는 '사민당은 패했지만 사민주의는 이겼다'고 했다. 사민당의 올레 토렐Olle Thorell 의원은 사민당의 패배가 오히려 스웨덴 복지 모델의 승리를 보여준다며 "보수 연합이 복지 지출을 줄이지 않고 기존의 복지 모델을 포용하겠다고 한 것은 그만큼 사민당이 만든

현재의 모델이 건재하다는 방증"이라고 했다.[10]

스웨덴 정당이 연정을 구성하는 데 자유로운 것도 이런 이유다. 물론 내각책임제 아래서 정권을 얻고자 하는 필요에 의한 것이기도 하다. 사민당은 오랫동안 과반의 지지율을 얻어내 집권당의 위치를 유지했다. 그러나 군소 정당이 연정을 구성해 각 당의 지지율을 합한 수가 사민당보다 높은 경우 그쪽에서 총리를 지명할 수 있다. 사민당은 전통적으로 항상 40% 이상의 지지율을 얻어왔다. 대부분 단독 정당으로 의회를 이끌었고, 한때 부르주아 정당 중 가장 그 색이 옅은 농민당과 연정을 구성하기도 했다. 한편 사민당에 비해 세가 약한 우파 정당은 여럿이 함께 모여 사민당 대 우파 연합의 대결 구도를 형성하곤 했다. 사민당의 지지율이 예전만 못해지자, 우파 연합에 대항하기 위해 2006년 선거에서는 사민당 역시 녹색당과 좌파당을 끌어들여 사민당의 색인 빨강과 녹색당의 색을 합친 '적녹 연합'으로 맞섰다.

팔메의 시기에는 자유당과 느슨한 연정을 형성했다. 자유당은 보수에 속하지만 교육이나 외교 정책에서 사민당과 비슷한 입장을 취해왔다. 비록 공식적인 연정을 구성하지는 못했지만 이후 사민당의 세금 개혁과 같은 굵직굵직한 정책 결정에 힘을 실어주는 방식으로 우호적인 관계를 유지했다. 20세기 초반 유럽에서 "민주적 행정부에 가담하거나, 심지어 이를 이끌 기회가 주어지자 많은 이들(사회주의자)이 노동자들만으로는 선거에서 다수를 차지할 수 없으며, 정치권력을 얻기 위해서는 비프롤레타리아 집단들과 협력해야만 한다는 불편한 진실을 받아들여야"[11] 했던 것과 비슷한 맥락이다.

이와 같은 실리적 합의주의 모델은 정당 사이에서만 볼 수 있는 것이 아니다. 노사 관계, 정부와 재계, 학계와 기업 등 얼마든지 찾을 수 있다.

합의주의의 한계를 넘어서다

물론 합의주의 전통에 장점만 있는 것은 아니다. 1954년 에를란데르의 비서로 일한 지 1년 정도 되었을 때, 팔메는 사민당식 합의제 민주주의의 한계를 지적한 글을 썼다. 그가 목도한 바에 따르면, 합의주의 전통이 강한 사민당의 정책 결정 구조는 합의 자체를 목적으로 하기 때문에, 최상의 결정을 내리기보다 서로 조금씩 양보하다 결국 본래 의도와 달리 평이한 정책만 나오게 된다고 했다. 이해관계자가 여럿일 때는 누구도 만족하지 못하는 결론에 이르기도 했다. 만약 어느 한쪽이 협상의 요구 범위를 좁히지 않을 때는 결정이 장기간 지연되기도 했다. 이웃 유럽에서는 정책 결정이

느린 스웨덴을 두고 '거북이 같다'고 했다. 팔메는 이를 인정하며 "우리는 느린 대신 분명히 움직인다. 한 눈은 여론을, 한 눈은 다음 선거를 향하고 있다. 비록 거북이 걸음이라도 우리는 다른 어떤 사회주의 국가보다 멀리 진보했다"라고 자랑스럽게 말했다.[12]

일찍부터 합의주의의 한계를 간파한 팔메는 그의 카리스마를 활용한 정치적 기술로 총리의 권한을 강화해 이를 극복하려고 노력한다. 그러나 사민당 내부에 면면히 이어져온 당 우선 전통을 깨지 않기 위해 팔메는 합의를 이끌어냈다기보다는 "형성"했다. 이를 위해 그의 매력·언변·지략은 물론 미디어와 여론까지 이용했다. 팔메는 43살에 총리가 되었다. 유럽 역사상 가장 젊은 총리였다. 당 내부는 물론 외부의 쟁쟁한 정치 거물들과 겨루기 위해서, 대중의 지지야말로 가장 든든한 힘이었다.

보수 진영의 석간지인 『아프톤블라데트(Aftonbladet)』 1968년 3월호에 따르면, 팔메가 직전 한 달간 텔레비전에 나온 횟수는 뉴스 5번, 스포츠 관련 토론 1번, 종교 토론 1번, 교통 프로그램 1번, 대담 1번으로 총 9번에 달했다. 당시에는 스웨덴에 텔레비전 채널이 하나뿐이었기 때문에 텔레비전에 출연한다는 것은 대부분의 사람이 본다는 것을 의미했다. 토론을 좋아하는 에를란데르의 연설문 작성 보좌관이었던 팔

▲ 가을 총선을 앞둔 1969년 4월. 팔메가 영국의 유명한 텔레비전 대담 프로그램인 〈데이비드 프로스트 쇼〉에 출연했다. 녹화 중에 여러 사진기자들이 두 사람을 촬영하고 있다. 이 프로그램은 1970년 6월 15일에 방영되었다.

메는 우파의 견제 대상 1호였다. 팔메는 날카로운 공격과 자신감 넘치는 태도로 상대를 꼼짝 못하게 제압했다. 그는 토론을 팽팽하게 몰고 가 여론의 집중을 받았다. 그러니 미디어도 팔메를 찾았다. 총 9번의 출연 중 토론과 대담이 3번이나 된다. 보수 진영에서 팔메가 미디어에 자주 노출되는 점을 문제 삼자, 노동 진영의 신문은 여론조사를 통해 독자들에게 팔메가 텔레비전에 너무 자주 나온다고 생각하느냐는 질문을 던졌다. 대다수의 응답자가 "그렇지 않다"고 답했다.

팔메는 미디어뿐 아니라 시민과 직접 만나는 접점이 되는 대중 연설을 중요하게 여겼다. 그는 정치를 정당 사이의 거대한 어젠다 싸움이 아닌 일상 활동으로 만들었다. 정치 활동에 대중을 끌어들였다. 국가의 현안이 무엇인지, 정당별로 공직자별로 어떤 입장을 갖고 있는지, 그것이 개인의 삶에 그리고 세계적으로 어떤 영향을 가져올지에 대해 설명했다. 팔메는 연설마다 지지자를 몰고 다녔다. 연설을 통해 여론을 형성하고 이를 압박의 도구로 썼다. 보수 진영은 청중의 양심을 건드리며 감정에 강하게 호소하는 팔메의 연설은 그저 웅변술의 한 장르라고 헐뜯었다. 우파에서는 팔메를 두고 "빈 수레가 요란하다"라며, 그의 언변은 "독으로 만든 솜사탕"처럼 위험하다고 했다. "현실을 무시한 채 감정과 잠재의식에 호소해 동정심과 반감을 자아내는 방식으로 대중을

'현혹'해 '조종'하려 든다"고까지 했다.[13]

보수 진영의 공격이 이해가 안 가는 것은 아니다. 팔메의 연설문을 보면 그가 대중영합주의의 경향을 띤다고 할 수도 있을 것이다. 글로만 읽어도 선동적이다. 다만 일반적으로 포퓰리즘이 의미하듯 권력을 위해 대중이 원하는 바를 말했다기보다는, 정치인으로서 쉬운 언어로 대중을 설득해 대중을 그의 편으로 만들어 대중이 정치에 영합하도록 했다는 데 그 차이가 있다.

현대판 아고라라 할 수 있는 알메달렌Almedalen 정치박람회의 기원이 바로 팔메다. 이 행사는 매년 여름 정치가뿐만 아니라 시민이 한 자리에 모여 의견을 나누는 자리로, 정치에 대한 사회적 관심을 키우는 데 큰 역할을 해왔다. 오랜 합의주의 전통을 지닌 나라답게 열린 토론의 장을 마련해주는 알메달렌 박람회는 스웨덴 정치의 상징이기도 하다.

알메달렌은 스톡홀름 남쪽 고틀란드 섬의 수도 비스비에 있는 공원 이름이다. 비스비 바로 옆 포뢰Fårö라는 곳에 팔메 가족이 매년 여름을 보내는 오두막이 있었다. 고틀란드의 사민당 의원이 1968년 휴가차 이곳에 온 팔메에게 공원에서 짧은 연설을 해줄 수 있겠느냐고 부탁했다. 팔메가 총리가 되기 직전 해였다. 팔메가 연설한다는 소식에 금세 수백 명의 시민이 모였다. 팔메는 옆 상점에서 장을 본 영수증 뒷면

▲ 팔메가 1982년 고틀란드 알메달렌 공원에서 연설하고 있다.

에 짤막한 메모를 하고, 공원 앞 화물트럭 위에 올라서서 연설을 했다. 벌써 40년 넘게 이어져온 이 행사가, 바로 그날 올로프 팔메가 사람들을 만나 즉흥적으로 연설을 했던 데서 시작되었다.[14] 팔메는 이듬해에도 그곳을 찾아가 연설했다. 그 모습이 언론을 타자, 1970년대 들어 한두 정당이 고틀란드를 찾아 자신들의 정책을 홍보하기 시작했고, 그 뒤로 점점 규모가 늘었다. 그렇게 초기 몇 년간 팔메 혼자 연설하던 것이 시간이 흘러 스웨덴 전국에서 모여드는 가장 큰 정치 행사가 된 것이다. 모든 당이 참여하는 공식적인 정치 행사가 된 것은 1991년이었다.[15]

정치가 우선한다

사민당 대표로 총리가 된 팔메는 스웨덴 역사상 가장 급진적인 총리로 꼽힌다. 팔메는 신자유주의에 맞서 그 폐해를 지적하며 세금을 올리고 규제를 강화했다. 기업의 미움을 도맡아 샀다. 비난의 핵심은 팔메가 도입한 노동자 권리 강화와 노동시장 규제에 관한 법령이었다. 1970년 들어 팔메는 노동자의 권리를 강화하기 위한 제도를 잇달아 도입했다. 나이든 노동자에 대한 차별 금지법, 노동조합 보호법, 노동자

안전 강화법, 고용보호법, 노동자의 경영 참여 보장, 노동 환경 개선 등 잇단 법 개정을 통해 노동시장에서 정부의 영향력을 넓혀갔다. 스웨덴경영자총협회(Swedish Employers' Federation)와 보수 진영에서 불만의 소리가 터져 나왔다. 자본가 측에서는 새 제도가 기존의 자본가와 노동자의 균형을 깨고 자신들의 권리를 제한하지 않을까 염려했다. 자본가와 보수 세력은 팔메를 '계급의 배신자'라 부르며 공공연하게 팔메에 대한 반감을 드러내기도 했다.

팔메는 연설에서 자본가들은 종종 정치적 민주주의가 시장경제에 위협인 것처럼 선동한다고 했다. 그는 정치와 자본이 긴장 관계였던 건 맞지만, 민주주의가 시장을 방해한 적은 없으며 오히려 그 반대라고 했다.[16] 『정치가 우선한다(The Primacy of Politics)』의 저자 셰리 버먼Sheri Berman은 민주주의와 자본주의가 역사적으로 불화를 겪어왔다고 표현했다. 팔메가 집권한 시기에는 분명 그 긴장이 극에 달했다.

팔메가 시장 규제에 특별히 엄격했던 이유는 젊은 시절 미국에서 생활하며 자본주의의 어두운 면을 보았기 때문이다. 20대 초반의 팔메는 미국을 여행하면서 가난한 자와 부자, 유색인과 백인 사이의 극심한 차별과 불평등을 목격했다. 개인의 노력의 결과나 선택에 의한 것이 아니라 타고난 조건 때문에 차별이 이루어지는 미국의 실상은, 팔메에게 큰

▶ 올로프 팔메가 리스베트 팔메(왼쪽)와 함께 1981년 5월1일 노동절 연설을 하기 위해 베스테로스의 인민 공원을 향하고 있다. 사민당은 1976년 44년 만에 보수연합에 정권을 내준 이후 정권을 탈환하기 위해 1982년 선거를 대비하고 있었다. 현수막에는 "위기 탈출 스웨덴"이라 적혀 있다.

충격을 주었다. 미래에 대한 기회 없이 살아가는 가난한 사람들과 유색인종의 삶은 팔메의 뇌리에 깊이 각인되었다. 팔메가 경험한 미국 자본주의는 정치의 영향력을 넘어서고 있었다. 정치·사회·경제 민주화가 실현되지 않은 사회에서 돈이 가치 위에 서고, 사람을 포함한 모든 것을 재화로 만들어 버리는 시장 만능주의의 징후를 읽은 것이다. 팔메 스스로도 미국에서의 경험이 자신의 정치 철학을 형성하는 데 큰 영향을 미쳤다고 말했다.[17]

팔메는 자신이 정치를 하는 목적이 모든 이에게 자유의 최대치를 맛보게 하기 위함이라고 했다. 그가 목도한 바에 따르면 평등 없이는 자유도 없었다. 팔메가 경제 활동에 적극 개입하고 보편 복지 강화에 힘쓴 것도 바로 그 때문이다. 1948년 21살 올로프 팔메가 미국의 케니언대학교를 졸업하며 쓴 논문은, 자유주의 경제학자인 프레드리히 폰 하이에크 Friedrich von Hayek의 『노예의 길(Road to Serfdom)』에 대한 비판적 분석이었다. 자유주의자인 팔메의 관점에서, 자유란 개인이 자신의 행복을 추구할 수 있는 최대한의 재량을 갖는 것이다. 그는 하이에크, 즉 자유시장주의자가 보는 자유와 사회주의자 입장에서 보는 자유의 차이를 논했다. 이는 앞으로 사회주의자로서 그가 부닥칠 고민의 시작이기도 했다. 그는 일찍부터 공산주의와는 분명한 선을 그었다. 공산주의식 통제가 평등을 보장한다 해도, 개인의 발전을 위한 선택의 자유를 해치는 것은 분명했다. 그렇다고 정부의 규제에서 완전히 자유로운 시장이 건강하게 굴러갈 것인가에 대한 확신도 없었다. 사민주의는 그 중간 어딘가에 있었다.

자본이 정치 위에 올라서는 것을 경계하던 팔메는 자본주의 틀 안에서 노동조합과 기업의 관계에 주목했다. 자본주의의 총아인 기업은 법에 의해 자연인과 같은 권리를 부여받았다. 당시 스웨덴 수출량의 76%를 28개 기업이 차지하고 있었다. 9개의 가문이 스웨덴의 경제를 좌지우지한다고할 정도로, 지금도 대기업 중심의 경제 구조를 지니고 있다. 하지만 체제가 악한 것이 아니다. 기업은 정치하기 나름이기 때문이다. 정치가 어떻게 다루는가에 따라 기업은 양심의 가책을 느끼지 않고 법망 안에서 한없이 탐욕스러워질 수도 있고, 일자리와 제품으로 사회를 풍요롭게 하는 건강한 구성원이 될 수도 있다. 팔메식 사회민주주의가 자유민주주의와 궤적을 달리하는 부분이다.

팔메는 어떤 기업가도 사회보장 정책에 환호하지 않지만, 사회주의 정부가 집권하는 동안은 싫든 좋든 사회의식과 사회적 책임에 대해 귀가 닳도록 들어야 했다고 말했다.[18] 스웨덴 기업은 1970년대 팔메의 노동권 강화 개혁에 대해 지금도 불만이 많다. 하지만 당시의 개혁이, 기업이 사회의 중요한 한 축이자 건강한 구성원이라는 인식이 자리 잡게 된 계기였던 것은 분명하다.

1978년 사민당 회의에서 팔메는 경제민주화에 대해 연설했다. 그는 스웨덴이 민주화의 세 번째 단계에 와 있다고 했다. 페르 알빈 한손이 구분한 것으로 첫째는 정치 민주화, 두 번째가 사회 민주화, 세 번째가 경제 민주화다. 팔메는 우파가 집권한 이후 실업률과 물가 상승, 환경 오염 문제를 지적하며, 이 같은 경험이야말로 자본주의가 더는 경제 발전의 원동력이 아니라는 사실을 증명한다고 했다. 그는 자본주의의 맹점으로 사회·경제적 양극화, 경제 권력화, 경제 주권의 실종, 사회 불안 등을 열거했다. 더 나은 삶의 질과 완전고용, 의사 결정에 참여할 수 있는 시민권을 보장하기 위해 건전한 경제 발전은 사회 진보와 함께 가야 한다고 했다. 그러기 위해서는 경제 권력이 몇몇의 손에 집중되어서는 안 된다며 경제 민주화의 필요성을 역설했다.

1970년대 유럽에서 논하던 경제 민주화의 핵심은 노동조합의 조직률을 높이는 것이었다. 경제 권력을 민주화하기 위해 소비자는 그들이 사용하는 제품의 생산에 더 큰 힘을 행사하고, 노동자가 그들의 일터를 운영하는 데 관여할 수 있으며, 시민이 나라의 경제 계획을 세우는 데 참여해야 한다고 했다. 그 속에서 정치는 민간과 공공의 권한 가운데, 중앙

통제식 계획과 의사 결정의 분권화 가운데서 균형을 잡아야 한다고 했다. 노동자와 시민이 의사 결정에 적극적으로 참여해 경제 민주화를 이루면, 사업 공동체(business community)를 이룰 수 있다고 말했다. 여기서 팔메는 '공동체'라는 말을 썼다. 사업장이 하나의 공동체가 되고, 기업은 사회라는 공동체의 구성원이 되는 것이다.[19]

보수당에서 건강 복지에 들어가는 세금을 줄이고 개인의 선택에 맡겨야 한다고 주장하자 팔메는 미국의 예를 들며 교육, 건강, 사회보장 분야는 절대 민영화하지 않겠다고 했다.

> 미국은 심각한 지경입니다. 로널드 레이건의 측근 중 한 명인 경제학자가 말하길, 돈을 적게 버는 사람은 소득에 맞춰 의료 서비스를 받아야 한다고 합니다. 마취할 돈이 없는 치과 치료 환자에게, 열심히 일하면 다음 번에는 마취할 수 있을 거라고 답합니다. 그때까지 그 사람의 이가 남아 있다면 말입니다.(Palme, 1981)[20]

정부는 정치 활동을 통해 그 사회의 안정과 번영을 위한 자유를 두고 끊임없는 저울질을 한다. 인간과 자연, 조직을 시장의 해악에서 보호하기 위한 사회 보호 원리와, 시장 자율화와 자유무역을 통해 이루어지는 경제자유주의 원리가[21] 서로 견제하며 사회가 발전한다. 팔메는 사회 안전에 무게중심을 두고 균형을 잡았다. 그는 총리가 된 이후 적극적으로 시장에 개입했다. 이 시기에 색을 분명히 한 보수 세력은 경제 활동에서의 모든 정부 규제와 공공 분야 확대, 사회 안전을 위한 제도를 직접적으로 비난했다. 사민당이 재집권하기 직전 해인 1981년, 팔메는 연설을 통해 보수 측 비난의 이론적 근거는 밀턴 프리드만Milton Friedman과 하이에크에게서 찾을 수 있다고 했다.

그들은 자유시장에 간섭하는 것은 개인의 자유에 대한 위협이라고 합니다. 최근 하이에크는 강연에서 시장경제는 인간의 본능을 억누르는 데 기초한다고 했습니다. 시장경제를 작동하게 하기 위해서는 개인의 동정심, 연대의식, 동료애를 사유재산권에 대한 보호와 계약, 경쟁으로 대체해야 합니다. 하이에크의 주장에 따르면 강자는 자신의 자유를 얻을 것이며, 우리는 약자를 동정하거나 그들과 연대의식을 가져서는 안된다고 합니다. 개인이 스스로의 삶에 책임져야 한다고 말합니다. 성공하면 보상받을 것이고 실패하면, 즉 직업을 잃거나 아프거나 다친 사람은 결국 본인의 잘못이자 책임이라는 것입니다. 하이에크의 이론에 따르면 세금을 걱정할 필요가 없습니다. 경찰이 나설 것 없이 스스로를 지키는 것도 소득에 따라 결정될 것이고, 개인의 책임입니다. 부유한 사람은 자식을 좋은 학교에 보내고, 스스로 건강 관리를 합니다. 아픈 사람이나 실업자를 위한 국민건강보험이나 실업급여, 공공 복지도 없습니다. 모든 것이 개인의 몫입니다.

바꾸어 말하면, 사회가 실업을 해결할 필요가 없습니다. 시장의 보이지 않는 손이 해결할 것입니다. 사람들은 적은 급여, 열악한 환경, 잦은 이동을 받아들이게 됩니다. 조합은 성가신 제도가 되고 결국에는 폐지됩니다. (…) 미국이 지금 그렇게 되어가고 있습니다. 생산력을 높이고 경제 성장을 이루기 위해 부자 감세를 하고 자유시장에 장애가 되는 모든 제도를 없애고 있습니다. 그러면 경제가 성장해 장기적으로는 가난한 자들에게도 혜택이 돌아갈 것이라고 합니다.(Palme, 1981)[22]

팔메는 하이에크의 주장을 믿지 않았다. 팔메의 눈에 '노예의 길'은 사회주의나 공산주의만의 미래가 아니었다. 자본주의의 미래이기도 했다. 젊은 시절 자유를 만끽하러 가서 자유의 어두운 면을 경험한 그는, 스웨덴은 절대 미국의 전철을 밟지 않으리라 다짐했다. 여기서 팔메가 꿈꾸는 사회민주주의와 보편 복지의 연결고리를 찾을 수 있다. 개인의 자유를 보장하는 것을 정의로 보는 미국과 달리, 스웨덴은 공동의 이익, 사회적 가치를 중요시한다. 그는 스웨덴의 장점을 되새겼다. 그는 평등이 전제된 자유야말로 사회 안정을 위한, 한 발 더 나아가 진정한 번영을 위한 필수 요건이라 여겼다. 팔메는 최소한의 규제를 말하는 작은 정부와 자유시장이 모든 이에게 최고의 자유를 가져다준다는 하이에크의 주장은 틀렸음을 그의 정치로 증명한다. 팔메는 총리가 된 뒤 스웨덴 역사상 가장 높은 세율을 도입하고 금융시장을 규제했다. 암살당하기 일주일 전 그가 마지막으로 단행한 개혁은, 금융 수익에 대한 세금을 올리는 것이었다. 21세기에도 설득력을 얻고 있는 트리클 다운Trickle Down(대기업의 성장을 촉진하면 중소기업과 소비자에게도 혜택이 돌아가 총체적으로 경기를 활성화시키게 된다는 경제 이론) 효과를 팔메는 일찍이 부정했다. 정부의 높은 간섭을 담보로 복지 제도의 강화에 힘썼다. 팔메가 집권한 동안 스웨덴의 사회적 이동성은 높아지고 빈부 격차는 줄었다.

삶에 대한 고민이 정치의 시작이다

팔메의 집권 시기는 과학기술의 발전과 함께 산업이 발달해 활황이던 경제가 한풀 꺾이고, 부의 축적이 가시화되어 자본가와 노동자의 대립이 본격적으로 드러나던 때다. 그는 기술과 경제의 발전이 사회의 발전과 균형을 맞추도록 복지 제도의 근대화에 힘썼다. 그가 생각하는 근대화는 성별·연령·배경에 상관없이 모두에게 자유와 평등이 주어지는 것이었다. 사회적 정의와 평등이 바탕에 있지 않으면 자유도 없다고 믿었다. 팔메는 인간이 각자 타고난 제약 조건에 상관없이 그들의 잠재력을 충분히 발휘할 수 있도록 사회가 기회의 평등을 제공하는 나라를 꿈꿨다.

많은 이들이 팔메를 낙관주의자라 한다. 그는 역사가 진보한다고 믿었다. 그는 경쟁과 이기심의 논리가 보이지 않는 손이 되어 경제를 움직인다는 주장이 역사에 대한 반혁명이라고 했다. 그는 시장의 마술이 아니라 인간의 온정의 마술을 믿는다고 했다. 사회의 목적은 인간의 삶과 동떨어진 이념을 실현하는 것이 아니라, 살면서 부닥치는 문제를 해결하도록 돕는 것이라고 했다. 이는 아마도 사민주의는 순수성을 저버린 개량주의에 불과하다는 공격에 대한 답이 될 듯하다.

(하이에크에 따르면) 시장이 제대로 돌아가도록 하기 위해서는 연대의식과 동정심 같은 감정을 억누르고 대신 사유재산과 계약의 자유, 자유경쟁과 같은 개념을 확립해야 한다고 한다. 이것이 소위 말하는 '시장의 마술'이다. 이것은 마치 지난 60

년간 일구어온 사회적·민주적 발전에 대한 보수의 반혁명 같이 들린다. 나는 시장의 마술보다는 인간의 온정의 마술에 대해 이야기하고 싶다. 이 마술은 보통사람들의 일상에서 찾을 수 있다.

인생을 사는 동안 우리는 모두 같은 문제를 마주한다. 성장하고 교육받고, 친구를 사귀고, 어른이 되어 각기 다른 역할을 맡도록 준비하고, 직장을 구하고, 돈을 벌고, 살 곳을 마련하고, 가정을 꾸리고, 아이를 기르고, 사는 내내 건강을 관리하고, 질병을 비롯한 갖가지 사고와 싸우며, 일정 수준 이상의 삶을 누리고, 나이 먹어 쇠약해졌을 때도 삶의 존엄성을 지키려고 노력한다. 자유로운 시민으로, 사회의 다른 구성원과 평등하게 그리고 공공 자원을 지키고 누리는 데 각자의 몫을 다한다.

삶에 대한 고민이야말로 우리가 어떤 사회를 원하는지에 대한 논의의 출발점이다. 사회의 목적은 인간의 삶과 동떨어진 어떤 이념을 실현하는 것이 아니다. 그것은 저 멀리 있는 것이 아니다. 사회의 목적 자체가 한 나라의 위대함을 드러내거나 특정 그룹이나 계층의 이익을 대변하는 것도 아니다. 미래의 완벽한 사회를 위한 확실한 청사진을 그려놓고 이에 따라 사회를 구축해가는 것도 아니다.

사회와 제도는 지금 이곳에 있는 사람들을 위한 것이다. 각자 삶의 작은 목표를 성취해가며 그들의 일상을 살도록 돕는 것이다. 이 과정에서 다른 누군가의 미래를 위협하지도 않는다. 이전 세대가 살아온 경험 위에 현재를 이어가는 것이다. 사회와 연대의 목적은, 사회 구성원 모두가 사회의 자원을 활용하며 삶의 크고 작은 과제를 이루어가도록 하는 것이다. 이것이 바로 복지 사회의 기초이자 목적이다. 자유로운 공동체는 독립적이고 자유로운 시민의 자발적 협력 위에 이루어진다.(Palme, 1984)[23]

그는 정부의 통제와 계획 안에서 개인의 자유를 어떻게 조화시킬 것인가 하는 문제를 풀어야 했다. 사민당을 이끌게 된 팔메는 강한 사회에 대한 변함없는 확신으로 필요하다면 경제 개입도 서슴지 않았다. 그는 먼저 스웨덴의 미래를 위해 교육과 과학기술 연구에 대한 투자를 확대해야 한다고 했다. 또한 국가가 보호해야 할 소외 계층으로 장애인, 노령자, 만성 질환자, 미혼모, 과부, 학생, 미성년자, 예술가, 노숙자 등 사회적 소수 계층을 나열하며 이들을 위한 맞춤 지원 정책을 강화해야 한다고 주장했다.

팔메가 총리로 있던 1970년대부터 80년대 중반까지 스웨덴의 국내총생산 대비 세금의 비율은 수직상승했다. 보수파는 사민당의 조세 정책과 규제가 개인의 자유를 침해한다며 이것을 '민주주의의 훼손'이라고 했다. 부자들은 세금을 피해 망명하겠다고 엄포를 놓았다. 개인의 재산권과 소유의 자유를 주장하는 부자들의 감세 요청에 대해, 팔메는 다음과 같은 논리로 이해 조정자인 국가의 기준을 설명했다. 1985년 스웨덴 남쪽 지역인 뤼되브룩 선거 유세 연설 중 일부다.

(개인의 자유를 위해) 복지의 재원이 되는 세금을 낮춰달라는 주장이 있습니다. 하지만 다른 편에는 약자의 자유가 있습니다. 노인과 장애인들이 집에만 앉아 있지 않고 가족과 친구를 방문하고 자연을 누릴 수 있는 자유 말입니다. 누구의 자유가 중요할까요? 둘 중 한쪽은 10만 명의 자유를 증진시킬 수 있습니다. 만약 세금을 없애기로 한다면, 다수의 자유가 줄어들게 됩니다. 그것도 그들에게 매우 중요한 자유 말입니다. 저는 세금을 줄여 부자들이 얻는 자유보다, 그들의 자유가 더 중요하다고 생각합니다. 그럼 정신 지체 아동을 위한 학교의 지원을 줄일까요? 정신 지체 장애인은 아마도 우리 사회에서 가장 취약한 계층이라고도 볼 수 있을 겁니다. 아마 스스로의 자유에 대해 그다지 고민하지 않을지도 모릅니다. 하지만 우리에게는 도덕적 의무가 있습니다. 우리는 약자도 일정 수준 이상의 삶을 누릴 수 있게 되기를 바랍니다. 우리가 세금을 많이 내는 부자에게 세금을 감면해주고 약자를 위한 복지를 줄

이면, 우리의 자유와 행복은 늘어날까요? 아닙니다. 모든 것이 자유에 대한 문제입니다. 중요한 것은 '누구를 위한 자유'이며 '무엇을 위한 자유'인지입니다. 그리고 우리의 결정은 언제나 다수를 위한 더 큰 자유입니다. 실업으로부터의 자유, 근심으로부터의 자유, 가난과 질병으로부터의 자유입니다.(Palme, 1985)[24]

모두에게 사랑 받는 정치인은 있을 수 없다. 정치란 "보상하고 조정하고 균형 잡는"[25] 작업이라고 했다. 결국은 한쪽의 것을 빼앗아 다른 쪽에 나누어줘야 한다. 빼앗기는 쪽이 반발하거나 불만을 갖는 것은 당연하다. 좋은 정치인은 바른 가치관과 온전한 도덕성을 지니되, 탁월한 설득력을 갖춘 협상가이자 조정자여야 한다. 팔메는 약자, 사회 안전, 약소국의 권리와 같은 선한 가치를 실현하기 위해 그가 가진, 또 활용할 수 있는 모든 것을 이용했다. 그는 미디어를 충분히 활용했다. 연설을 통해 여론을 형성하고 이를 자신의 정치적 이상을 실현하기 위한 압박의 도구로 썼다. 정치인으로서의 덕목에 더해 정치의 기술을 고루 갖추었다는 점이 그를 돋보이게 한 것이다.

팔메는 정치 활동에 대중을 끌어들였다. 대중을 신뢰했기 때문이다. 오늘 우리가 모델로 삼는 스웨덴 사회는 경제

▲▲ 수많은 시민들이 팔메의 장례식에서 운구 행렬을 지켜보며 추모하고 있다.

▲ 스톡홀름의 팔메가 암살당한 장소에 놓인 표지판. "올로프 팔메 총리가 이곳에서 1986년 2월 28일에 살해당했다"라고 새겨져 있다.

적 실익에 앞서 평화를, 자유를, 연대 정신을 지지한 오랜 사회적 합의의 열매다. 팔메는 역사는 진보한다는 낙관적 믿음으로, 더 좋은 사회를 만드는 것은 경쟁의 논리가 아닌 연대 정신이라고 했다. 그는 대중과 가까이 소통하며 사회적 합의를 일구는 과정인 정치를 일상으로 녹아들게 했다. 팔메는 대중을 믿었고, 대중은 투표로 그 믿음에 답했다. 팔메의 정치적 성과를 다 제쳐놓고도, 대중에 대한 그의 신뢰, 그리고 그가 대중에게 정치의 기쁨을 알게 해 모든 사람을 정치인으로 만들었다는 점이야말로 팔메가 스웨덴에 남긴 가장 큰 유산이라 할 만하다.

하수정
현재 한겨레신문사 미디어전략연구소에 재직 중이다. 스웨덴 웁살라대학교에서 지속가능발전을 전공했다. 최근의 관심 주제는 민주주의의 미래, 사민주의, 양극화, 복지국가, 사회통합 등이다. 『스웨덴이 사랑한 정치인 올로프 팔메』의 저자이기도 하다.

지도자들

브란트

민주사회주의와 평화의 정치가

"나는 절대 돌아오지 못할 것 같은 비극에서 브란트처럼 그렇게 위엄있게 성공적으로 다시 등장한 사람을 결코 만나보지 못했다."
— 루돌프 아우그슈타인

베를린을 방문하는 사람이라면 누구라도 가장 먼저 운터
덴린덴Unter den Linden 거리로 달려가게 마련이다. 그 화려한 관
광지의 한복판 홈볼트대학교 앞에서는 말을 탄 왕의 동상이
우뚝 서서 관광객을 맞이한다. 18세기 프로이센의 계몽 절
대군주 프리드리히 대제의 기마상이다. 혹시라도 이 기마상
을 유심히 둘러보는 관광객들은 기마상 바로 아래 사각형
발판 네 꼭짓점에 저마다 다른 모습의 여신들이 자리 잡고
있는 것을 볼 수 있다. 그것은 바로 계몽 군주가 갖추어야
할 네 가지 덕목들, 즉 정의, 지혜, 권력, 절제를 표현한다.

이에 반해 1991년까지 동베를린의 레닌광장(현재의 유엔광장)
에는 20년 동안 19미터 높이의 레닌 동상이 우람하게 자리
잡고 있었다. 지금은 산산 조각나 베를린 동부의 한 숲속에
파묻혀 있지만, 공산주의 지배의 동독 시절에 그 동상은 사
회주의 혁명 지도자들의 덕목인 불굴의 의지, 탁월한 이론적
통찰, 그리고 카리스마적 지도 등을 표현하기에 모자람이 없
었다.

이제 운터덴린덴에서 남쪽으로 조금 내려가 베를린 중부
크로이츠베르크Kreuzberg구로 가보자. 그곳 남쪽 끝자락에 서
면 붉은 바탕에 흰색으로 SPD라 적힌 깃발이 걸린 건물이

▲ 독일사회민주당 중앙당사 '빌리 브란트의 집' 안마당에서 방문객들을 맞이해주는 브란트 동상

보인다. 독일사회민주당(Sozialdemokratische Partei Deutschlands, SPD, 이하 사민당)의 중앙당사인 '빌리 브란트의 집(Willy Brandt Haus)' 이다. 1969년부터 1974년까지 독일연방공화국(Bundesrepublik Deutschland, 서독) 총리였고 '신동방 정책(Neue Ostpolitik)'이라는 이름의 평화 정치의 성과로 1971년 노벨 평화상을 수상한 빌리 브란트(1913~1992)의 이름을 그대로 당사명으로 삼았다. 1996년 건축된 이 사민당 연방본부의 안마당에서는 앞서 언급한 두 동상과 전혀 다른 모양의 동상이 방문객들을 맞이한다.

조각가 라이너 페팅Rainer Fetting은 3.5미터 크기의 동상으로 정치가 브란트를 압축적으로 표현하고자 했다.[01] 먼저, 브란트 동상은 앞의 두 동상들처럼 공중에 높이 올라가 위용을 자랑하지 않고 '대지에 두 발을 딛고' 서 있다. 아니, 다가온다. 이는 브란트가 시종 현실에 깊이 뿌리를 내리고 사람들에게 다가간 정치가였음을 상징한다. 마찬가지 맥락에서 그 브란트 상은 위압적이거나 엘리트적이지 않고 근엄하거나 일방적이지 않다. 페팅에게 브란트는 항상 사람들과 대화하며 길을 찾는 정치가였다. 그렇기에 페팅은 무엇보다 브란트의 귀 부분을 조각하는 데 신경을 많이 썼다. 하지만 그는 브란트를 마치 '대중들에게 귀 기울이며 그들과 함께 호흡하는 대중 친화적 정치가'쯤으로 만들려고 하지 않았다. 그래서 브란트 상은 그렇게 단순하지도 않고 마냥 편안하지만도 않다. 페팅은 몸통 대비 두상의 크기 비율을 실제 사람의 평균 크기보다 조금 더 크게 만듦으로써 브란트의 지적 사유 능력과 심사숙고의 태도를 부각했다. 또 주름진 바지에 한 손을 찔러 넣고 다른 한 손은 가볍게 앞으로 펼쳤지만, 주먹을 쥐거나 손을 펴서 특정한 방향을 제시하고 있지 않다. 오히려 약간 모호한 제스처와 태도로 궁리하는 모습에 가깝다. 그래서 그 조각상은 우리가 흔히 상상하는, '탁월한 전망을 갖고 카리스마 넘치는 결단력을 발휘하는 위대한 정치가'의 상과도 거리가 멀다. 오히려 뭔가 주저하면서 관찰하고 신중하게 숙고하는 인물상에 가깝다. 자 그럼, 페팅의 조각상은 정치가 브란트의 실제 모습과 얼마나 가까울까? 그가 혹시 놓치고 있는 것은 없을까? 페팅은 어떤 각도에서 봐도 흥미로울 정치가 브란트의 다양한 면모를 보이고자 했다는데, 그것은 무엇일까?[02]

난관들 : 사생아, 소수파, '조국의 배신자'

브란트의 정치 경력은 화려했다. 1949년 서독 건국 때부터 1992년 사망 시까지―1950년대 후반과 60년대 몇 년을 빼면—총 31년 동안 연방의회 의원이었고, 1957년부터 1966년까지는 서베를린 시장, 1966년부터 1969년까지는 대연정에서 외무부장관, 1969년부터 1974년까지는 연방 총리를 역임했다. 노벨 평화상 수상뿐 아니라 여러 국제적 영예를 얻었고, 사후 그를 기념하고 추모하는 정치 행사와 기억 문화는 독일과 유럽에서 다양하게 펼쳐진다.

그러나 브란트가 20세기 유럽의 가장 찬연한 정치가로 성공한 과정은 탄탄대로가 아니었다.[03] 특히 브란트의 초기 생애는 세 가지 점에서 그 후의 정치적 성공 전망과는 거리가 너무 멀었다.

첫째, 브란트는 사생아의 사생아였다. 1913년 12월 18일 북독일 뤼벡Lübeck시 성로렌츠-쥬트Sankt Lorenz–Süd구에서 태어났던 아기는 헤르베르트 프람Herbert Frahm이라고 불렸는데, 미혼모인 그의 어머니 마르타 프람Martha Frahm은 가난한 상점 직원이었다. 마르타의 어머니 또한 미혼모였고, 어린 헤르베르트 프람은 어머니 마르타와 의붓할아버지 루트비히 프람Ludwig Frahm에게서 자랐다. 브란트에게 사생아라는 출생 배경은 당시뿐 아니라 전후 정치가로서의 삶을 옥죄는 '가시'였다. 브란트는 이 출생 배경을 결코 숨기지 않았지만 '시민적 도덕과 품위'를 내세우던 수많은 보수주의 정적들과 언론의 조롱과 멸시를 감내해야 했다. 그런데 헤르베르트 프람이 사회주의운동을 접하게 된 것은 바로 하층 노동자였던 어머니와 의붓할아버지를 통해서였다. 두 사람 모두 뤼벡시 사민당의 열렬한 지지자이자 당원이었기 때문이다. 1930년 17살 헤르베르트는 사민당에 입당했고, 사민당의 재정적 후원으로 무사히 고등학교를 마칠 수 있었다.

헤르베르트 프람은 이미 소년 시절부터 사민당의 잡지와 신문에 글을 기고하며 언론인이 되고자 하는 꿈을 연마했지만, 1931년 사민당이 이미 혁명성을 잃었고 나치즘의 부상에 수동적이라고 판단해 신생 정당인 독일사회주의노동당(Sozialistische Arbeitspartei Deutschlands, 이하 SAPD)으로 당적을 옮겼다. 그러나 이 당적 변경은 브란트의 전후 정치적 성장에 직접적으로는 전혀 도움이 되지 못했다. 사민당에서 분리되어 나간 소수파 급진 혁명 정당인 SAPD 당원 이력은 전후 재건된 사민당 내에서 끊임없이 이질적인 세력으로 의구심을 불러일으켰기 때문이다. 그러나 다른 한편 SAPD에 가입함으로써 프람은 이미 1933년부터 여타 사민당원들과는 색다른 경험을 겪게 되었다. 그것은 무엇보다 1933년 나치 집권 후부터 시작된 노르웨이와 스웨덴에서의 망명 생활이었다.

1934년 비합법 활동을 위하여 이름을 빌리 브란트로 바꿨던 그는 북유럽 사회주의 정당들, 특히 노르웨이노동당(Det norske Arbeiderpari, DNA)이 보인 민주주의적 정치 문화와 개방적 열기에 큰 영향을 받았다. 게다가 망명객으로서 브란트는 프랑스, 벨기에, 네덜란드, 영국, 폴란드, 체코와 스웨덴 등지를 여행하거나 체류하며 다양한 언어를 습득했고, 그곳의 사회주의운동과 정치가들을 접하며 새로운 정치적 자극을 받을 수 있었다. 브란트는 이제 '히틀러 독일'은 진정한 독일이 아니라고 역설하며 그것과 완전히 "다른 독일(das andere Deutschland)"을 내세우면서 자신의 독일적 정체성을 정립하기 시작했다.

1938년 이미 나치가 브란트의 국적을 박탈했고 곧 노르웨이가 나치의 점령하에 들어갔기에 스웨덴으로 이주한 브란트는 노르웨이 국적을 취득해 노르웨이 군인으로서 나치에 대한 저항 투쟁에 돌입했다. 제2의 조국 노르웨이의 해방을 위한 투쟁에 복무하면서도 브란트는 "다른 독일"을 위한 희망을 버리지 않았으며, 북유럽 사민주의 정당들의 개혁주의와 민주주의 전통의 영향으로 그때까지의 계급혁명 노선을 버리고 1944년 다시 사민당(SPD)으로 복당하면서 '독일' 정치가로서의 길을 예비했다.

그런데 브란트가 1933년부터 1945년까지 나치 독일을 떠나 북유럽의 망명객으로 지냈던 사실은 1945년 이후 상당 기간 그를 주변인으로 내몰았고, 심지어 '조국의 배신자'라는 상을 만들었다. '어려운 시절 조국을 버리고 외국에서 지냈던' 브란트의 삶을 전후 독일인들은 쉽게 받아들일 수 없었다. 아직 나치의 '갈색 과거'를 청산할 준비가 되어 있지 못했던 대다수 독일인들에게 노르웨이 군복을 입고 나타났던 브란트는 무엇보다 '낯선 사람'이었다.

안타깝게도 사민당 내에서도 사정은 다르지 않았다. 사민당도 선거에서의 성공을 위해 과거 청산과 관련해서 기회주의적 태도가 만연했고 '전범 유죄 선고자'를 오히려 변호하며 나서기도 했다. 이런 상황에서 브란트는 자신의 반反나치 투사 경력을 자랑하기는커녕 적극적으로 변호하기도 어려운 상황에 내몰렸다. 그렇지 않아도 브란트는 이미 1946년 뉘른베르크 전범 재판을 참관하며 기록 보고서인 『범죄자 그리고 다른 독일인들』을 출간했던 적이 있었다. 그렇게 나치 범죄를 규탄했던 브란트는, 이제 적극적으로 나치 시기 독일인들 전체에게 범죄 책임을 부가하는 '집단 범죄' 태제에 대해 비판적인 입장을 반복적으로 드러냈다. 물론 무차별적 악선전 앞에서 이는 별 소용이 없었다.

그리하여 반反나치 저항 투쟁의 이력은 줄곧 그의 정치적 상승을 방해했다. 이를테면, 1961년 총선에서 아데나워Konrad Adenauer를 비롯하여 당시 여당이었던 기독민주연합(Christliche Demokratische Union, CDU, 이하 기민련)과 기독사회연합(Christliche Soziale Union, CSU, 이하 기사련) 정치가들은, 브란트가 노르웨이 군

▲ 1946년 뉘른베르크 전범 재판 당시 브란트의 보도관 신분증. 브란트는 이 재판을 참관하고 『범죄자, 그리고 다른 독일인들』이라는 보고서를 출간하기도 했다. 사진 속 브란트는 노르웨이 군복을 입고 있다.

인으로서 독일에 대항했던 사실을 부각시키며 "독일 민족으로서의 민족 감정과 자기 감정의 결여"를 헐뜯었다.

연방 국방부장관이자 기사련 당 대표였던 프란츠 요셉 슈트라우스Franz Josef Strauß는 1961년 2월 바이에른주 빌스호펜Vilshofen시의 선거 유세에서 "브란트 씨에게 하나 물어봐도 되지 않을까 합니다. 도대체 당신은 12년 동안 바깥에서 뭘 하셨습니까? 우리가 뭘 했는지 우리는 알고 있습니다만"이라며 비꼬기도 했다. 전쟁이 끝난 지 16년이 지나서까지 그런 종류의 비아냥과 적대가 여전했다는 점도 놀랍지만, 정작 자신은 나치 장교였던 부끄러운 과거를 감추면서 그렇게 말했다는 것은 당시 서독 정치의 이면, 특히 나치 과거와 관련된 정치적 자기기만을 여실히 드러낸다.

1965년 총선에서도 사민당 총리 후보 브란트는 다시금 자신의 명예로운 과거가 온갖 종류의 비방에 노출되는 것을 감내하지 않을 수 없었다. 서독의 보수 세력들은 브란트가 사회주의자로서의 신념을 가졌다는 사실보다는 오히려 그가 '제 한 몸 살기 위해 조국을 배신했다'는 데 더 공격의 초점을 맞추었다. '개인적으로 위험에 빠져 있다고 조국을 등지며 민족과 국가의 소속을 부정하는 것'을 용납할 수 없다는 주장이었다. 이는 브란트가 외국으로 망명하기보다 여타 많은 사회주의자들이나 반反나치 투사들처럼 수용소에서 죽임을 당했어야 한다는 뜻을 함축했다.

금도를 넘은 정치 공세였지만 결과는 오히려 성공적이었다. 서독 내 보수 정당과 언론들은 브란트가 스페인 내전 시기 스페인에 체류했던 일과 노르웨이 신문에 나치를 비판한 것을 두고, 반^反독일적 민족 배신 활동을 했다고 끊임없이 비방했다. 게다가 브란트가 영국과 미국의 정보원, 또는 소련의 첩자, 심지어 게시타포^{Gestapo}의 프락치였다는 설도 난무했다. 1961년과 1965년 총선에서 사민당 총리 후보로 나섰던 브란트는 그와 같은 비이성적 공세에 막혀 거듭 좌절해야 했다.[04]

다만 그에게 위안이 되었던 것은 서베를린 시장으로서의 정치적 성공이었다. 1958년부터 1963년까지의 베를린 위기와 동독의 베를린 장벽 건설 당시 공산주의 공세에 단호하게 대응하고, 불안해하던 시민들과 결속을 강화함으로써 인기가 급상승했다. 1963년 브란트의 사민당은 61.9%라는 보기 드문 지지율을 획득해 그 성공의 정점을 찍었다. 브란트는 탁월한 연설 능력과 시민들과의 접촉 확대 및 매력적 아우라의 발산으로 서베를린 시민과 언론의 지지를 한 몸에 받으며 "독일의 케네디"라 불리기도 했다.

결국 문제는 브란트가 서베를린에서의 일정한 성과를 넘어 어떤 신념과 활동으로 사민당 지도자와 연방 총리로서의

▲ 1961년 3월 13일 미국을 방문한 빌리 브란트가 케네디 대통령과 대화를 나누고 있다.

업적을 쌓을 수 있었으며, 심지어 20세기 유럽사와 세계사의 가장 의미 있는 '평화 정치가'로 성장할 수 있었는지를 보는 것이다. 특히 정치 리더십의 문제에 초점을 맞추어 브란트의 정치 신념과 행위 및 덕목을 탐색해보자.[05]

민주사회주의자

"많은 정당들은 의회주의로 민주주의가 도입되었다고 믿어왔다. 하지만 정치적 민주주의는 그 자체만으로는 존재할 수 없다. 사회적 민주주의와 문화적 민주주의가 현실 민주주의의 일부로 필요하다."[06] 이것은 1931/1932년 겨울에 고등학교를 마치면서 브란트가 제출한 졸업논문의 핵심 주장이다. 사망 바로 1년 전인 1991년 9월 13일, 사민당 뉘른베르크지부 창립 125주년을 기념하는 연설에서 브란트는 "진정한 자유는 사람들이 자신의 공동체적 삶과 관련된 문제들을 공동으로, 즉 민주적으로 결정할 때만 존재할 수 있다. 정치적으로 보장되고 사회적으로 완성된 민주주의, 그것이야말로 사회민주주의(그리고 자유사회주의)라는 비전의 핵심"이라고[07] 역설했다. 브란트가 평생 간직했던 정치 신념의 골조가 바로 그 민주주의의 전 사회적 확장이었다. 물론 브란트는 사회주의자로서 사회가 생산 활동을 조정하고 그것을 통해 공적 이득을 창출하고 향유하는 것의 의미와 필요를 항상 강조했다. 그러나 그것은 광범한 민중 계층이 생산 과정에 대해 공동 결정권을 갖고, 아울러 생산된 가치의 배당권을 확보하는 것을 전제한다. 그런 한 브란트가 이해하는 사회주의는 경제적 민주주의를 뜻하는 것이고, 그것은 다시 자유와 민주주의가 없이는 불가능했다. 브란트는 이렇게 사회주의를 민주주의의 연속과 확장으로 이해했고, 그것을 '민주사회주의'라고 불렀으며, 전후 독일 사회민주당의 정치 강령으로 간주했다.

이미 1933년까지 바이마르 시기 뤼벡에서, 그리고 북유럽 국가들에 망명해 있을 때도, 브란트는 소련 공산주의 체제와 스탈린적 공산주의운동에 대한 거부를 충분히 드러냈다. 전후 독일로 돌아온 뒤 냉전 초기 국면에서 브란트는 소련과 공산주의에 대해 더욱 더 비판적이었다. 특히 1948년 2월 체코공산당의 강제적 권력 장악과 1848/49년 소련의 베를린 봉쇄 등에 직면해 심지어 그는 반공주의자를 자임했다. 그가 보기에 '공산주의자란 잔혹한 일당 지배를 목적으로 삼는 착취자'일 뿐이었다. 그렇기에 "오늘날 반공주의자가 아니고서는 민주주의자가 될 수 없"다고까지 했다.[08]

물론 그가—극우 세력이나 우파 보수주의자들 다수가 그랬듯이—억압적 지배이데올로기로서의 반공주의를 그대로 받아들여 정치적 투쟁 도구로 사용했던 것은 아니었다. 그렇기에 그는 앞의 그 말에 뒤이어 "그러나 반공주의가 민주주의의 유일한 기준인 것은 아니"라고 덧붙였다. 이미 조정 없는 자유방임적 자본주의를 거부했던 브란트에게 당시 중요한 것은, 공산주의의 정치적 억압과 경제의 비민주적 통제 체제를 극복할 대안을 제시하는 것이었다.

"우리 시대에 사회민주주의는, 우리가 맞서 싸워야 할 뿐 아니라 극복하기도 해야 하는 전체주의적 공산주의에 대항해 맞설 수 있는 유일한 대안이다. 그런데 공산주의 극복은 단지 그것을 무용지물로 만들 때뿐인데, 그것은 사회적 불안과 경제적 부정의 같은 배양소를 제거할 때이다."[09] 1949년 5월 8일 사민당 베를린지부 제6차 당대회에서 브란트는 '민주사회주의의 강령적 근간'에 대한 자신의 생각을 포괄적으로 피력했다.

그에 따르면, 독일 사민당이 구현해야 할 '민주사회주의'는 마르크스-레닌주의를 대신할 종합적 세계관도 아니고, 포괄적이고 체계적인 사회 이론 같은 것도 아니었다. 민주사회주의는 더 이상 도그마나 구원론에 사로잡혀서는 안 된다고 결기를 세웠다. 브란트가 그린 민주사회주의는 인권 존중과 법치 국가의 원리에 기초해 경제와 사회의 포괄적인 민주화와 사회 정의를 구현하기 위한 사회 관계의 구상이었다.

그 실현 과정에서 필요한 것은 기회의 균등과 사회적 구분선의 제거 및 시장경제의 조정 등이었다. 그런 한 민주사회주의는 이미 계급 목표의 달성과는 무관한 것이고, 다만 인류 모두의 공통 목표였다. 아울러 브란트에게 그것은 특정 사회 체제로의 완성이 아니라 끊임없는 갱신과 확장의 과정이었다.

현재 시점에서 이 정치 신념은 거칠 게 별로 없는 자연스런 발전 경로로 보일 수도 있다. 하지만 당시 독일 사민당의 전통적 정치 문화나 사민당원들의 오랜 '감정 공동체'를 놓고 보면 1949년 브란트의 이와 같은 '현대적 강령' 구상은 자극적이었고, 사민당의 대다수 정치가들을 앞질러 나갔던 것이다. 당시 사민당은 비록 소련식 공산주의에 대해서는 시종 거리를 두었지만 여전히 스스로 계급 정당의 정체성을 포기하지 않았고, 마르크스주의적 구원론에 기초한 계급 해방의 희망을 뒤로 물리지 않았다. 그로부터 10년 뒤인 1959년에야 사민당은 고데스베르크Godesberg 강령을 통해 마르크스주의적 혁명 정당과 노동 계급 정당의 성격을 전면 포기하고 '탈전통화'를 통해 '국민 정당(Volkspartei)'의 길을 본격적으로 걸어가기 시작했다.

1950년대 내내 브란트를 감싸고 있던 당원들의 불편한 거리감과 불안정한 당내 권력 위상을 놓고 보면, 이 '고데스베르크 전환' 과정에서 브란트가 단지 미미한 역할만을 수행했던 것은 당연한 일이었다. 하지만 브란트가 1940년대 후반부터 당의 '현대화' 과정을 일찍부터 일관되고 분명하게, 그리고 공개적으로 요구한 대표적 정치가였다는 점은 거듭 중요하다. 이제 사민당의 주류는—적어도 강령의 영역에서는—'변화를 통해' 브란트에게 '접근'했다.

1960년대 후반 청년들의 정치적 급진화와 당내 좌파 조류의 새로운 등장에 직면해서도 브란트는 정치적 신념의 변화를 보이지 않았다. 그는 오히려 자유와 민주주의의 가치가 사회주의의 가장 중요한 구성물임을 강조했다. 이를테면 1973년 한 연설에서 브란트는 사민당이 무엇보다 "자유의 당"이라는 것을 강조하며 자유의 가치와 개인의 독자성을 위한 노력의 우선적 의미를 부각했다. 그는 보수당인 기민련의 정치가들이 자유와 평등을 대립적인 관계로 이해하는 것을 비판한 뒤, 자유를 위해서는 사회적 평등이 필수불가결하다고 말하며 그 관계를 다음과 같이 요약했다.

민주사회주의의 기본 이념은 개별 인격의 자유로운 발현이다. 사회적 구속과 책임에도 불구하고 집단이 아니라 개인이 사회의 중심이다. 평등의 실현 문제는 모든 사람들이 동일한 방식으로 각자 자신을 자유롭게 발전시킬 수 있도록 사회적 조건을 만드는 일이다. 그것은 모든 사람들에게 같은 출발 지점을 정해놓았지만 결국 다시 팔꿈치로 다른 사람을 밀어제치고 나아가도록 만드는 의미의 단순한 기회 균등보다 더 많은 것을 의미한다.[10]

이렇게 사회적 평등을 통한 자유의 보장과 개인의 자기실현을 민주사회주의의 근간으로 간주한 브란트는 1969년 집권한 뒤 "더 많은 민주주의를 감행하자"를 대표적 정책 실현 구호로 내세웠다. "사회의 많은 영역에서 이루어지는 민주주의가 자유가 실현될 수 있는 공간을 자유롭게 만든다"고 믿었기 때문이다. 브란트는 이렇게 민주사회주의를 사실상 자유로 나아가는 길로 간주했기 때문에, 말년에는 '민주사회주의'보다 "자유사회주의", 또는 "자유사회민주주의"라는 용어로 자신의 정치 신념을 즐겨 표현했다. 1987년 사민당의 당 대표직을 사임하는 고별사에서 브란트는 '평화를 제외하고 가장 중요한 것이 무엇일까'라고 스스로 질문한 뒤 "어떤 가정과 주저 없이 자유"라고 답하겠다고 말했다. 덧붙여 그는 자유를 기반으로 한 사회 정의와 사회 전역의 민주화 확대를 핵심 내용으로 갖는 민주사회주의는 21세기에도 낡은 것이 아니라 새로운 의미를 계속 갖게 될 것이라고 전망하며 정치적 유증을 넘겼다.

요컨대, 브란트는 바로 이 '민주사회주의'의 정치 신념을 지니고 애초 전통적인 노동자 계급 정당이었던 사민당을 '현대적 국민 정당'으로 전환하는 데 결정적인 역할을 수행했다. 그런데 민주사회주의 신념만으로는 그를 사민당 내부의 다양한 정치적 스펙트럼에서 '왼쪽'이나 '오른쪽'에 위치 짓기가 모두 간단치 않다. 1930년대 전반 SAPD에 가담하며 사민당을 비판했을 때 그는 분명 급진 좌파 지향을 보였지만, 사민당에 재입당한 뒤 당의 '현대화'를 적극적으로 주장했을 때는 분명 당내 우파에 속했다. 그러나 1965년 기민련과의 대연정 문제가 제기되었을 때, 그는 당내 우파들과 달리 그 길을 지지하지 않았다. 1966~69년 대연정 내에서도 당내 우파 지도자인 헤르베르트 베너Herbert Wehner와는 달리 기민련 정치가들과 내각의 한 책상에 앉아 회의를 하는 것에 시종 불편해했다. 아울러 그 뒤 '더 많은 민주주의를 감행하자'고 주장하며 급진 청년들의 주장에―부분적으로나마―조응하고 노조의 완강한 요구에도 전향적으로 응했던 총리와, '급진주의자법령'을 통해 아예 공산당원들에게서 공무원이 될 기회를 박탈했던[11] 총리는 모두 같은 인물, 브란트였다.

　내정과 사회 정책 외에 외교/안보 정책을 끌어와 함께 살피면, 그를 좌우의 스펙트럼으로 구분하여 규정하기가 더욱 어려워진다. 브란트가 여러 정책 영역과 시기에 따라 좌우를 오갔던 것을 정치적 기회주의라고 비판할 수는 없다. 그는 민주사회주의의 '냉정한 실용주의' 원칙에 따라 언제나 구체적이고 실제적인 관점에서 사안별로 분석해 판단을 내리고 입장을 정했기 때문이다. 그렇기에 당내 좌우파 모두 조금씩 불편해하면서도 브란트를 자신들과 동일시할 수 있었다.[12] 물론 그것은 그가 오랫동안 당 대표를 역임하며 당의 여러 노선들을 통합적으로 운영하고자 했던 결과이기도 하다.

당 대표

정치 지도자로서의 브란트를 이해하자면 사실 평생 묵힌 정치 신념, 또는 5년의 짧았던 총리 재임기의 멋진 성취보다는 23년간 당 대표로서의 산전수전에 더 주목할 필요가 있다.[13] 브란트는 1961년 총선에서 사민당의 총리 후보로 부상한 것과는 별도로 1962년 당의 부대표로 선출되었고, 이듬해 12월 당시 당 대표였던 에리히 올렌하워Erich Ollenhauer가 급작스럽게 사망하는 바람에 그를 대신해 대표로 선출되었다. 1964년 2월 16일부터 1987년 3월 23일까지, 브란트는 사민당사에서 가장 오래 대표직을 유지하며 당의 정책 방향 및 정치 문화를 이끌었다.

그러나 총리 시절 국민의 지지와 국제적 인정을 배경으로 발휘된 대외적 인기와는 달리, 당내 분위기는 상당 기간 브란트에게 우호적이지 않았다. 특히 1960년대 내내, 그리고 심지어 총리 재임 시절에도 사민당 내에서는 브란트에 대한 거부와 불만이 적지 않게 확인되었다. 여기에는 여러 이유가 있었지만,[14] 무엇보다 당의 핵심 지도자로서 브란트가 많은 당원들과 당직자들에게 여전히 '낯선 사람'이었기 때문이다.

앞선 두 선임자, 즉 쿠르트 슈마허Kurt Schumacher나 에리히 올렌하워Erich Ollenhauer와는 달리,[15] 브란트는 애초부터 당의 주요 조직과 기구에 자신의 '권위'를 따르거나 생각을 '함께' 실천으로 옮길 심복 집단 내지 충직한 지지 부대를 갖지 못했다. 다만 브란트는 당의 실권자인 베너에게 의존할 수밖에 없었다. 그런데 1974년 총리직을 사임하며 당으로 돌아온 뒤 그동안의 성취와 당내외적 조건의 변화로 비로소 당내 지지 기반이 대폭 강화되었는데, 그때도 당 대표로서 브란트가 보인 정치 리더십의 스타일은 사민당원들에게 여전히 익숙한 것이 아니었다. 그렇기에 유심히 살펴볼 문제는, 당내 권력 지지 기반의 존재 유무나 성격이 아니라 브란트가 어떤 정치 스타일로 자신의 선임자들이나 여타 사민당 지도자들과는 구분되는 독특한 리더십을 보였는지 하는 것이다.

브란트가 "완전히 다른 당 대표"로 간주되었던 이유는 우선 당내의 개방적 토론 문화에 대한 (과잉)강조 때문이었다. 브란트는 자신의 참모나 비서들과 항상 토론했고, 당내 회의나 정책 결정 기구들에서도 항상 신중하고 개방적으로 토론하고 협의하도록 만들었으며, 결정은 그 모든 과정의 끝에 내려지도록 했다. 그 과정에서 그는 필요하다면 자신의 의견과 입장을 가지고 직접 당원들을 향했고, 그들과 함께 토론했다. 당원들에게 공개 편지를 보내는 일도 잦았고, 당원들을 당의 '토대'로 항상 존중하며 그들을 진지하게 대화의 상대로 끌어올렸다. 그는 이런 방식으로 "토론의 자유"를 제공하며 당내 다양한 정치적 조류들의 충돌을 조정하고 갈등을 사전에 예방하려 했다. 브란트는 1960년부터 1975년까지의 정치 활동을 회고하는 1976년의 한 저서에서 자신의 정치 리더십을 다음과 같이 요약했다.

나는 (…) 가능한 한 합의를 통한 업무 스타일을 실천하려고 노력했다. 이미 사전에 결정된 내 의견을 확인하기 위해서 단지 동의를 구하는 식의 토론을 하는 것은 내가 원하는 것이 아니었고 지금도 마찬가지다. (…) 당 지도부 회의에서 하나의 합의를 만들어가는 것이 더 생산적이다. 나에게 중요한 것은 어떤 문제에 대해 서로 의견이 다를 때도 인간적 결속을 유지하기 위해 애쓰는 것이었다.[16]

물론 끝없이 반복되는 토론 과정에 브란트 자신도 자주 진저리쳤고, 더 효율적인 결정 방식과 수단이 있다는 것도 잘 알고 있었다. 그렇지만 브란트는 "책상을 친다고 무슨 소용이 있겠어"라고 말하며 강력한 권위적 리더십에 대해 회의적이었고,[17] 항상 토론하고 숙의한 뒤 시간이 무르익고서야 결정했다.

그와 같은 정치 리더십은 당원들에게도 '낯설'었지만 참모들이나 당내 주요 정치가들도 감당하기 쉽지 않았다. 결국 그들은 브란트의 정치 스타일에서 지도자로서의 결함을 찾으며 험담을 늘어놓거나 이의를 제기하는 일이 잦았다. 베너와 헬무트 슈미트Helmut Schmidt 같은 당내 권력 경쟁자들은 말할 것도 없고 그의 심복이나 동료였던 호르스트 엠케Horst Ehmke(1969~72 연방특임장관 및 총리실장 역임)와 클라우스 본 도나니 Klaus von Dohnanyi(1972~74 교육문화부장관 역임), 홀거 뵈르너Holger Börner(교통부차관과 사민당 연방총무 역임)나 페터 글로츠Peter Glotz(1974~77 교육부차관 역임)도 브란트가 당 대표로서 단호한 결단력과 강력한 추진력이 없으며 지나치게 관용적이라고 불만을 토로했다.[18]

엠케는 브란트를 햄릿에 비유했고, 베너는 "그분은 항상 미지근한 물로 샤워한다"며 그의 우유부단함을 공개적으로 비웃었다. 그때마다 브란트는 자신의 원칙에 전혀 흔들림이 없었다. 그는 오히려 당내의 의견을 두루 듣고 조정하여 이루어지는 신중한 결정 과정을 통해 당내 갈등을 최소화하고 당의 결속을 강화했다. 아울러 그 과정에서 브란트 자신은 당의 다양한 정파와 조류들을 아우르는 통합적인 인물로 더욱 부상할 수 있었다. 특히 1960년대 중반부터 갖추어진 당내 권력 정점의 트로이카 체제에서 다른 두 지도자들, 즉 헬무트 슈미트와 헤르베르트 베너와의 협력과 균형을 흐트러트리지 않으려 정성을 다했다.

물론, 이 소통과 조정 및 통합의 리더십이 브란트 자신이나 당에게 반드시, 그리고 항상 긍정적인 영향이나 의미 있는 결과를 가져왔다고 말할 수는 없다. 브란트는 1970년대 중반 이후 이미 충분한 권력과 도덕적 정당성을 지녔음에도 불구하고 위압적 권위나 과도한 개입으로 당내 다른 사람들에게 상처 입히기를 피하면서 그 스스로는 끊임없이 상처입고 정신적으로 힘들어했다. 아울러 1973/74년의 내각 위기와 사민당 지도부의 혼란은 다른 무엇보다 브란트의 결단력 부족과 모호한 태도가 낳은 결과였다.

그렇지만 1950/60년대와는 달리 1960년대 후반부터 70년대 중반 사이에 서독 사회가 겪은 다양한 변화가 눈앞에 드러났고, 이는 사민당의 정치 문화에도 큰 영향을 주었다. 경제 성장에 기초한 다양한 중간층 집단들의 등장으로 사회 구조와 정당 지지 기반에 변화가 생겼다. 사민당의 경우

도 이제는 당원과 지지자 구성에서 전통적인 노동자층보다
는 공무원이나 사무직 노동자들, 그리고 대학생들의 비율이
현격히 높아졌다. 1959년 신입 사민당원 중 노동자의 비율
은 54.9%였지만 1972년에 그 비율은 27.6%로 줄었다. 그에
비해 신입 당원 중 공무원과 사무직원의 비율은 19.9%에서
34%로 증대했다. 특히 1968년을 전후한 학생운동과 청년
봉기의 여파로 1970년대 전반 대학생과 청년들이 대거 사민
당에 입당했다. 1969년에서 1976년까지 사민당은 40만 명
의 신입 당원들을 확보했는데, 그 대부분이 30세 이하의 청
년들이었다.

이들은 자신들의 정치적 정체성을 찾기 위해서라도 당내
토론 문화의 활성화를 적극적으로 요구했고, 특히 현재의 사
회적 문제뿐만 아니라 나치 범죄에 대한 과거 청산과 비판
적 역사의식을 둘러싼 논쟁을 주도했다. 바로 이와 같은 변
화는 그동안 "낯선" 것으로만 간주되던 브란트의 반나치
투쟁 경험이 큰 주목을 받게 만들어, 브란트의 인기는 더욱
치솟았다. 오랫동안 떠나지 않았던 '조국의 배신자'라는 낙
인은 이제 사그라지고, '다른 독일인' 브란트는 새 시대의 우
상이 되었다. 당내에서도 브란트는 정신적 지주가 되었고 희
망의 근거이자 당 통합의 상징적 인물로 확실히 자리 잡았
다.

당연히 브란트의 토론과 소통의 리더십도 이제 더 이상 이질적인 것으로 받아들여질 이유가 없었고, 특히 신입 당원들의 새로운 정치 문화 요구와 충분히 조응할 수 있었다. 당의 "재형성 과정"(빌리 브란트)에 참여한 청년 당원들의 가세로 사민당은 활력이 넘쳤고, 브란트의 정치 리더십과 제대로 어울렸다. 브란트는 이에 고무되어 1970년대 후반과 1980년대 내내 새로운 사회운동 세력들이 사민당으로 들어와 자신들의 정치적 고향을 만들 수 있도록 사민당이 더욱 더 개방적이 되고 더 많은 활력을 갖기를 기대했다.

물론 1980년대 초반부터 상황은 녹록치 않았다. 신생 좌파 정당인 녹색당의 등장으로 사민당은 전통적인 지지자들 중 일부와 여성 및 청년층의 지지율 하락을 감수해야 했다. 1980년대 사민당의 지지율은 40% 이하로 내려갔고 35세 이하 당원의 비율도 다시 20%를 겨우 넘겼다. 이런 당의 현실에 직면해 브란트는 사민당의 기본 이념에 동의하는 사람이라면 다양한 영역과 흐름의 인물들에게도 사민당이 더 문호를 개방해야 한다고 주장했다. 브란트는 먼저 평화운동과 여성운동을 비롯한 신사회운동 세력을 당에 끌어들이려 노력했다. 특히 새롭게 등장한 생태적 의제를 사민당이 감당할 수 있도록 통합적인 새 강령 작성에 주도적으로 나서기도 했다. 하지만 1980년대 중반 녹색당의 급격한 부상은 브란트의 시도를 녹록치 않게 만들었다.

다른 한편 브란트는 사민당을 '새로운 중도' 세력으로 보이도록 만들기 위해서도 애를 썼다. 특히 문화계 종사자들과 과학기술자 및 지식인들의 더 많은 지지와 참여가 필요하다고 생각했다. 브란트는 심지어 사민당이 노동과 문화와 학문의 동맹으로 새롭게 탈바꿈해야 한다고 주장하기도 했다. 브란트는 젊고 지적인 그리스 출신 무당파 정치학자를 당 대변인으로 임명해 그와 같은 전망과 기대를 성급히 앞당기려 했다. 하지만 오히려 역풍이 발생했고, 이미 당내 권위와 인기가 앞 시기만 못했던 브란트는 그 일로 또 '힘들어하다' 당 대표직에서 스스로 물러났다.[19]

요컨대, 당 대표로서 브란트는 줄곧 당내 토론과 소통에 덧붙여 개방을 통한 혁신이 사민당의 정치 문화로 안착하도록 노력했다. 물론 그 성공 여부는 반드시 브란트 개인의 능력이나 활동에 달린 것만은 아니었다. 독일 사회와 정치 지형의 변화라는 더 큰 맥락에서 살펴야 할 문제이다. 다만 이제 독일 사민당은 1969년 최초로 집권하여 이룬 성과뿐 아니라 근본적인 정치 문화 혁신도 모두 브란트에게 큰 빚을 지게 되었음을 확인할 필요가 있다. 아울러 전혀 다른 종류의 새로운 리더십을 자기 것으로 가질 수 있게 됨으로써 사민당의 정치 스타일은 더 풍부해졌고, 현재와 미래의 정치 혁신을 위해 필요한 의미 있는 역사적 자원과 인적 근거를 보유하게 되었다. 근대 정당에서 이는 정말 의미 있는 자산이다.

평화 정치가

공포 극복을 통한 자신감

독일 사민당을 벗어나면 브란트는 무엇보다 20세기 평화 정치의 사도였다. 그런데 1960년대 여전히 완강한 국제 냉전 체제와 서독의 보수적 반공주의의 정치 문화 속에서 브란트의 평화 정치는 처음부터 광범한 지지를 받았던 것도 아니고 순탄한 길로만 계속 내달리지도 못했다.[20] 1963년 탁월한 전략가이자 충실한 참모였던 에곤 바르Egon Bahr와 함께 '접근을 통한 변화'라는 냉전기 평화 정치의 원칙을 제시했을 때부터 1971년 노벨 평화상을 받으며 국제적 인정과 지지를 받게 될 때까지, 브란트는 다양한 정책 구상과 실험적 시도를 통해 냉전의 장벽에 틈을 내며 대중적 지지와 정치적 관철력을 높여갔다. 동방 정책 구상과 실천의 초기부터 브란트는 서방 동맹 국가들 및 서독 보수 세력들의 의구심과 불안, 비판을 극복해야 했다. 그때 브란트가 항상 내세울 수 있었던 것은, 다른 많은 사민당 지도자와는 달리 그가 1950년대 중반 일찍부터 서독의 나토NATO(북대서양조약기구) 가입을 지지했고 어떤 종류의 독일 중립화 방안과도 거리를 두며 서방과의 결속 필요성을 의심하지 않았다는 사실이다.

이를테면 1958년 베너를 중심으로 한 사민당 지도부는 나토와 바르샤바조약기구 양 동맹 체제 해체를 전제로 한 독일 통일 모델을 담은 '독일 계획(Deutschlandplan)'을 발표했지만, 브란트는 그 방안에 동의하지 않았고 '서방과의 결속'을 포기할 생각이 없었다. 거기다 서베를린 시장으로서 베를린 위기 국면에서 공산주의의 공세에 맞서 '자유'를 옹호했던 경력은 그의 정치적 신뢰를 드높였다. 그렇기에 1971년 오슬로의 노벨상위원회가 브란트를 수상자로 결정했을 때, 가장 먼저 언급한 수상 결정 사유는 수상자의 '동쪽에서의 성과'가 아니라 '서방으로의 공헌'이었다. 노벨평화상위원회는 이를 다음과 같이 표현했다. "빌리 브란트는 서유럽 내부의 협력 강화를 전 유럽을 위한 평화 계획의 주요한 일부로 보았습니다. 바로 그 서유럽의 정치적 경제적 협력의 강화와 관련해 브란트 총리는 중요한 발의를 제기했습니다."[21]

그런데 여기서 중요한 것은 브란트가 서방과의 결속을 통해 '안보를 튼튼히 다졌다'는 식의 냉전 논법을 반복하는 것이 아니다. 오히려 여기 머물러 있었다면 브란트에게서 새로운 평화 정치 구상은 결코 생겨나지 않았을 것이다. 그에게 서방과의 협력은 공산주의에 대한 두려움을 강화하고 그두려움에 빠져 '적대적 반공주의'를 강화하는 매개가 아니었다. 그것은 오히려 공산주의에 대한 두려움을 극복하는 토대가 될 수 있었다. 타자에 대한 공포를 극복할 때 비로소 타자와의 새로운 관계 설정에 대한 자신감과 용기가 생겨나는 법이다. 브란트는 서방과의 결속을 통해 공산주의 극복에 대한 서독인들의 자신감을 강화하고, 이를 새로운 평화 정치의 토대로 삼고자 했던 것이다.[22]

'작은 걸음'의 실용주의

물론 브란트가 20세기의 가장 탁월한 평화 정치가로 기억되는 이유는 서방과의 협력 자체가 아니라 이를 전제로 전개된 동방 정책(신동방 정책) 때문이다. 브란트의 동방 정책을 관통하는 일관된 정치 원칙이 있다면, 그것은 당면한 구체적 문제 해결에 집중하는 '현실적 실용주의'였다. 브란트는 1963년 당시 서베를린 시장으로서 처음으로 동독과의 질긴 협상을 통해 '통행증협정'을 이루어냈다. 1961년 8월 13일 베를린 장벽 건설로 동서독 인적 교류나 접촉이 단절되었을 때, 이 협정으로 120만 명의 서베를린 주민들이 1963/64년 성탄절을 장벽 너머에 사는 가족, 친지들과 함께 보낼 수 있었고, 이 접촉은 이후 안정적으로 확대되었다. 베를린 장벽에 비로소 '작은 틈'이 생겼고 사람들은 다시 일시적으로나마 생기를 찾았다. 서베를린 시장 시절 경험한 그 협상 과정과 협정의 성과는 이후 연방 총리 시절 브란트의 동방 정책에 큰 영향을 미쳤다. 왜냐하면 그 1963년의 협상에서 브란트는 외교적 문제를 불러일으킬 공식 명칭이나 국제법적 쟁점 등 당장 해결할 수 없는 문제들은 그대로 두고 구체적인 성과에 집중하도록 조치했고, 그것이 이루어낸 '인도적' 결과물을 눈앞에서 보았기 때문이다.

1969~1974년 브란트 정부가 소련과 폴란드, 그리고 무엇보다 동독과 차례차례 협정을 맺으며 동방 정책을 성공적으로 이끌었을 때, 브란트는 '현실적', '실제적', '실용적'이라는 말을 입에 달고 다녔다. 근본적이고 근원적인 문제들에 매달려 구체적이고 현실적인 성과들을 놓치지 않는 것이야말로 브란트의 평화 정치의 근간이었다. 브란트는 이를 일찍부터 '작은 걸음' 정책이라고 불렀다. 브란트는 "한 걸음도 나아가지 않는 것보다는 작은 걸음이라도 나아가는 게 더 낫고, 특히 센 말만 떠들썩하게 하는 것보다는 더 낫"다고 자신의 평화 정책을 요약했다.[23] 가까운 시일 내에 분단 상황이 극복되지 않는다면, 일단 분단으로 인한 사람들의 고통과 희생을 최소화하는 데 매달릴 필요가 있다는 것이었다. 그리고 이를

위해서는 동독 정권과의 대결이 아니라 오히려 협력이 절대
적으로 요청되었다.

신뢰와 책임감

다양한 접촉과 '작은 걸음'의 과정에서 브란트는 고유한
평화 정치의 덕목을 유감없이 발휘했다. 그것은 무엇보다 진
정성과 신중함을 통한 신뢰 형성과 책임감이었다. 먼저 브란
트는 동유럽 국가들과 동방조약을 체결할 때, 각 국가들의
이해관계뿐만 아니라 정서까지 고려하는 신중함과 책임의식
을 보였다.

이를테면, 서독 정부는 국제 정치의 현실적 권력 관계를
고려해 소련과 먼저 협상을 시작했다. "신동방 정책의 중심
축"은 무엇보다 모스크바에 있다고 보았기 때문이다. 그러나
브란트 총리는 서독과 소련이 폴란드를 무시하는 합의를 만
들지도 모른다는 폴란드 측의―역사적 근거가 있는―우려
를 반영해, 소련과의 협상이 시작되자마자 곧 폴란드와도 예
비 협상을 개시했다. 그 결과 1970년 8월 서독-소련 간 협정
에 뒤이어 같은 해 12월 서독은 폴란드와 관계 정상화를 담
은 '바르샤바조약'을 체결했다. 브란트 정부는 더 이상 독일
이 "폴란드를 건너뛰는 어떤 정책"도 추구하지 않을 것임을
실천했고, 폴란드와의 관계 정상화를 동방 정책의 "도덕적

중핵" 내지 "독자적 전환점"으로 간주하고 있음을 보여주었다.[24]

사실 그것만으로 이미 충분했다. 하지만 조약에 서명하기 직전 12월 7일 비가 오는 중에 브란트는 바르샤바 게토의 반▨나치 저항 투사들의 추모탑 앞에서 무릎을 꿇어 세계의 이목을 한 몸에 받았다.[25] 나치 범죄의 가해 국가인 독일의 정부 수반이 몸을 낮춰 용서와 화해를 요청한 상징적 사건이었다. 사실상 나치 범죄와 아무런 연루도 없고 오히려 반▨나치 투쟁 경력을 가졌기에 그것을 내세워 독일을 변호할 수도 있었을 서독 총리가, 피해자 국가에 와서 독일의 가해 행위에 대한 책임을 기꺼이 인정하는 모습은 이미 충분히 인상적이고 감동적이었다.

그런데 이 '바르샤바에서 무릎 꿇기' 사건이 브란트의 평화 정치를 이해하는 데 중요한 이유는, 그가 나치 범죄의 '과거' 청산을 '현재'의 탈냉전 평화 정치의 동력이자 유럽 통합적 '미래' 구상의 근간으로 삼고자 했음을 확인할 수 있기 때문만은 아니다. 모두에게 더욱 놀라웠던 것은 브란트의 행동이 사전에 계획되거나 연출된 것이 아니라는 사실이었다. 그 파괴와 살육의 현장에서 브란트는 헌화를 하고 고개를 숙이는 것만으로는 부족하다고 진정으로 느꼈던 것이다. 브란트는 "나는 최근 역사에 대한 부담으로, 말로는 더 이상 어찌할 수 없을 때 사람들이 행하는 것을 행했다. 그렇게 나는 수백만의 희생자들을 추모했다"고 회고했다.[26] 비극적 역사의 무게와 가해 국가의 책임을 그대로 인정하고 감당하려는 브란트의 용기는 외교적 허사나 정치적 꼼수와는 애초부터 성격이 달랐다.

물론, 폴란드를 비롯한 세계 여론의 열광적 호응과는 별도로 그의 행위에 대한 서독 여론의 평가는 매우 엇갈렸다. 공감하는 비율도 41%나 되었지만, 과하고 불필요한 행동이라며 비판하는 목소리가 48%에 달했다. 브란트도 자신의 행위가 서독 내에서 충분한 지지와 공감을 얻지 못할 것임을 모르지 않았다. 하지만 그는 정략적 차원의 타산을 떠나 정치가로서의 도덕적 책임을 기꺼이 감당할 만큼 충분한 내적 진정성을 갖고 있었다. 그리고 바로 그런 과정을 통해서 브란트의 평화 정치는 더욱 신뢰를 쌓아갔다.

한편, 1970년 동독 에어푸르트Erfurt시에서 동서독 정상회담 시 확인된 브란트의 신중하고 책임 있는 정치가로서의 모습 또한 다른 차원에서 이미 매우 인상적이었다. 3월 19일 아침 일찍 브란트 총리와 서독 수행원들은 열차를 타고 동서독 국경을 넘었으며, 오전 9시쯤 동독 에어푸르트에 도착했다.[27] 그런데 그들이 숙소인 에어푸르터 호프Erfurter Hof호텔에서 여장을 풀고 있을 때 그들을 기다리던 수천 명의 동독 시민들

▼ 1970년 12월 브란트는 서독과 폴란드의 관계 정상화를 담은 '바르샤바 조약'을 체결하기 위해 폴란드를 방문하여, 바르샤바 게토의 반나치 저항 투사들의 추모탑 앞에서 무릎을 꿇고 용서와 화해를 요청했다.

은 열광적으로 "빌리, 빌리"라고 연호했다. 그들은 동독 경찰의 저지선을 뚫고 "빌리, 창가로 나와 주세요!"라고 외치며 호텔을 에워쌌다. 당연히 이때의 빌리는 같은 이름의 동독 총리 '빌리' 슈토프Willi Stoph가 아니라 '빌리Willy' 브란트를 말했다. 이미 브란트 일행이 도착하기 전부터 소란이 있었고, 도착 이후 분위기가 점점 더 고조되었기에 동독 경찰과 국가 안전부(Stasi)는 극도로 긴장했다. 상황은 일촉즉발이었다.

브란트가 어떻게 행동하느냐에 따라 예정된 정상회담뿐 아니라 향후의 동서독 관계에도 심각한 영향을 미칠 수 있었다. 브란트는 잠시 주저하다 창가로 다가와 가벼운 미소를 띤 채 한 손을 들어 보이며 고개를 끄덕였고, 군중들의 환호는 하늘을 찔렀다. 그러나 곧 브란트는 두 손을 낮게 펼쳐 환호를 잠재우며 자제를 부탁했다. 브란트와 동독 주민들은 서로의 마음을 충분히 이해할 수 있었고, 다시 안정과 고요가 찾아왔다.

브란트는 추후 "감동적이었습니다. 그러나 나는 그들의 운명을 생각해야 했습니다. 나야 본으로 돌아가게 되지만 그들은 그렇지 못하니까요"라고 회고했다.[28] 브란트는 당시 가장 적절하고 필요했던 작은 몸짓으로 상황을 잘 조절하고 지배했다. 그는 독일인들의 공동 소속감과 정서적 연대를 확인함과 동시에 동서독 주민들 모두에게 독일 통일의 과정에 필

▲▲ 에어푸르터 호프 호텔 창가에서 동독 시민들에게 모습을 드러낸 브란트.

▲ 1970년 동서독 정상회담을 위해 에어푸르트를 방문한 빌리 브란트를 환영하는 동독 시민들의 인파가 숙소로 몰려들었다.

요한 인내와 절제를 상징적으로 예시했다. 이렇듯 진정성과 신중함에 기초한 말과 행동은 그 후에도 다양한 국제 정치 무대에서 그가 신뢰와 도덕적 지도력과 영향력을 확장할 수 있었던 핵심 덕목이었다.

현실 감각

국제 정세의 변화에 대한 탁월한 감각과 시대 조류에 대한 민감한 파악 능력 또한 브란트를 '현실주의자'이면서 동시에 '비전을 가진 정치가'로 보이게 만든[29] 덕목이었다. 먼저, 여타 사민당 정치가나 대부분의 유럽 정치가들과는 다르게, 브란트는 일찍부터 국제 정치의 '유럽중심주의'를 벗어던졌다. 이미 1950/60년대에도 유럽 정치가로서는 드물게 제3세계에 관심을 가졌던 브란트는 1976년 11월 사회주의 인터내셔널(Sozialistische Internationale)의 대표가 되어 유럽뿐 아니라 비유럽 지역의 민주주의 발전을 위해 노력했다. 특히 브란트는 1977년부터 1980년 사이에 세계은행의 위탁을 받아 '북─남 위원회(Nord-Süd-Kommission)' 위원장을 맡아 「브란트 보고서」를 발표함으로써, 저개발 국가의 빈곤과 고통 및 불평등에 주목하며 세계 경제의 지역 간 격차 완화를 위한 선진국들의 노력을 촉구했다.

그는 제3세계 개발 정책에 대한 지원뿐 아니라 인권과 민주주의의 전진을 위해서도 각종 정치적 노력과 개입 및 중재 노력을 아끼지 않았다.[30] 이때 올로프 팔메Olof Palme 스웨덴 총리(1969~1976, 1982~1986)와 브루노 크라이스키Bruno Kreisky 오스트리아 총리(1970~1983), 그리고 스페인 사회주의노동당 대표(1974~1997)이자 총리(1982~1996)였던 펠리페 곤잘레즈Felipe González 는 든든한 지원자이자 협력자였다.

자본주의 경제 체제의 세계화가 낳은 지역 간 격차와 갈등 및 제3세계의 빈곤과 독재 문제 해결에 브란트만큼 적극적으로 나선 유럽 정치가는 보기 드물다. 1990년대 이후 유럽 정치가들과 정당들이 앞을 다투어 아시아와 아프리카 및 라틴아메리카로 정치적 관심을 확장했는데, 브란트는 이 점에서 그 모든 이들의 선구자였다. 브란트는 1970/80년대에 이미 세계시민이자 보기 드문 '세계 정치가'였다.

유럽 정치와 독일 정책과 관련해서도 브란트는 독특한 현실 감각을 보였다. 그는 1980년대 후반 양독 관계의 질적 발전과 심상치 않은 동유럽 정세에 촉각을 곤두세우면서 독일 통일의 가능성을 감지했다. 1988년 소련과 동유럽 체제의 변화 기운에 직면하여 동서독 간 국가 연합 방식의 통일 가능성을 보기 시작했던 것이다. 그는 당시 이二국가 체제(Zweistaatlichkeit)를 수용해 국민국가로의 재통일보다는 초민족적 유럽 통합의 전망에만 매달렸던 적지 않은 사민당과 녹

색당의 좌파 정치가들과 확연히 달랐다.[31]

1989/90년 통일 국면에서 혼란에 빠져 있던 사민당 당원들에게, 당의 명예대표 브란트는 국민국가로의 새로운 통일 (그러나 '재통일'은 아닌)이 결코 사민당의 오랜 평화 정치와 충돌하는 것이 아님을 강조했고, 오히려 자신을 비롯한 사민당 정치가들이 개시한 '접근을 통한 변화'와 '작은 걸음'이 완성되는 것임을 웅변했다.

1989년 11월 9일 베를린 장벽이 무너지자 브란트는 "원래 하나였던 것이 이제 함께 성장한다"는 말로 다가올 독일 통일의 의미를 함축적으로 표현해냈다. 결국 그는 1990년 10월 3일 독일 통일의 역사적 현장에서 그 누구보다 큰 환영을 받았다.

역사의 중요한 고비마다 가장 적절하고 호소력 있는 말과 행동으로 변화하는 현실에 개입하고 개선할 줄 아는 것이 바로 탁월한 정치가의 능력이다. 바로 그 능력을 브란트는 지니고 있었다. 20세기 평화 정치가들이 자신들의 정치적 분투의 결실을 제때 보는 경우가 흔치 않은데, 그런 점에서 평화 정치가로서 그의 성공은 브란트 개인에게 더할 나위 없는 축복이었다. 물론 그것은 그와 동시대를 살아온 많은 독일인과 유럽인들에게도 큰 행운이었다.

"더 많은 민주주의를 감행하라"

브란트가 남긴 역사적 성취의 그늘 아래서 그의 생애사를 쓰면서 영웅-서사를 뛰어넘기란 쉽지 않다. 20세기 민주주의 정치 문화와 탈냉전 평화 정치를 위한 의미 있는 공헌 앞에서, 브란트의 생애에 드러난 결점들을—사생활 문제나 폴란드 반체제운동에 대한 관심 부족 등—찾아 신화적 찬양을 제어하거나 상대화하려는 시도가 성공할 가능성도 크지 않다. 그렇지만 영웅-서사에 그대로 취하는 것은 '비판적 역사화를 전제해야 할 전기사 내지 생애사 서술의 본령이 아니다. 브란트의 정치적 신념과 성취를 탈맥락화해 부각하려는 시도와 브란트의 정치적 역정을 시대적 맥락 속에서 이해하려고 노력하는 작업은 한 방향에서 만나기 쉽지 않다. 20세기 파시즘과 전쟁, 그리고 냉전과 분단의 역사 속에서 한 민주사회주의 '평화 정치가'가 어떻게 '창안'되었는지가 향후 더 본격적으로 다루어져야 할 과제다.

다만 정치 신념과 활동의 신비화를 피하면서 브란트가 구현한 정치 지도자로서의 고유한 정치 행위 유형과 덕목을 찾아내는 것은 여전히 의미 있는 일이다. 브란트는 전후 독일 사민당 내 비주류의 지위와 '조국의 배신자'라는 오랜 비방에 시달렸지만, 결국 연방 총리가 되어 화려한 업적을 세웠고 사민당 역사상 최장기 당 대표를 역임했다. 브란트와 사민당, 그리고 브란트와 서독 사회는 1960년대 후반을 기점으로 상호 접근하고 상승할 수 있었다. 1960년대 중후반 서독 사회의 구조적 변화 및 급진 청년들의 정치적 충격과 함께 시작된 독일 사민당 내 당원 기반과 당내 정치 문화의 변화는, 브란트가 요구했던 당의 '현대화' 및 개방적 토론과 소통의 정치에 맞물렸다. 또 총리 브란트는 자신의 정치 신념인 "더 많은 민주주의를 감행하라"라는 강령적 주장을 매개로 당시 급진화된 청년 세대들의 요구에 조응하면서도 민주사회주의의 본령, 즉 사회적 평등과 정의를 기반으로 하는 자유와 민주주의의 확대야말로 새로운 사회적 요구를 수렴할 수 있다는 신념을 더 벼렸다. 특히 사민당 대표로서 브란트는, 특유의 실용주의 노선과 민주적 토론 과정과 소통의 활성화 및 문호 개방으로 사민당 내 좌우 대결이나 세대 갈등의 위기에서 당의 통합을 유지하고 활력을 살려내는 능력을 발휘했다. 당 대표였지만 당에서 자신의 주장과 입장을 관철시키려고 무리하게 권위와 권력을 행사하지 않았다. 그는 잘난 체하며 항상 남을 가르치려 드는 꼰대나 윤똑똑이도 아니었고, 패거리를 만들며 아첨꾼들에 둘러싸여 그 힘으로 오만해진 인물도 전혀 아니었다. 브란트처럼 심사숙고하고 진지하게 토론하는 모습은 충분히 인상적이고 역동적일 수 있었다. 그런데 그것으로 브란트에 대한 평가가 다 끝나는 것은 아니다. 신중함과 결단력 부족을 엄밀히 가를 기준은 도대체 어디 있으며, 격동치는 정치 현장에서 누가 그것을 제때 알겠는가?

새삼 브란트의 민주사회주의나 사민당이 1970/80년대 내내 과연 의미 있는 정치적 대안이었는지, 브란트가 과연 매 시기 다양한 정치적 쟁점들에서 얼마나 '올바른' 결정과 선택을 했는지 따지는 것은 여기서 중요하지 않다. 더 급진적인 해방 강령 또는 생태주의적 전환의 관점에서 본다면, 브란트가 내세운 민주사회주의도 사민당의 '통합'적 정치 지향도 모두 한참 부족하거나 그저 안타깝기만 할 뿐이다. 하지만 적어도 브란트는 자신의 정치 신념을 도그마로 만들지 않았고, 말과 행동을 항상 일치시켰다. 특히 자신이 민주사회주의라고 말할 때, 또는 자유나 정의, 화해나 평화를 말할 때 그것이 무엇을 뜻하는지, 거기에 어떤 책임과 행동이 따라야 하는지 잘 알고 있었다. 게다가 '말이 멈추는 곳'에서는 행동을 통해 사람들을 움직일 줄 알았다.

그렇기에 평화 정치가로서 브란트가 발휘한 덕목들, 즉 두려움을 극복할 자신감, 현실적 실용주의, 진정성과 신중함을 통한 신뢰 구축, 현실 감각 등은 18세기 절대군주나 20세기 전반 혁명가들의 정치 덕목과는 분명 다르지만 그리 거창해 보이지 않는 가치들인데, 브란트는 바로 그 소박한 삶의 덕목과 가치들을 책임 있는 정치 행위와 공감 가는 정치 문화로 끌어올릴 줄 알았다. 20세기 후반 극단적 이데올로기들의 소음과 냉전의 온갖 적대와 불신의 메아리(의 메아리)들 속에서 그렇게 하기가 쉽지 않음을, 한반도 남단의 우리가 그어떤 독일인이나 유럽인들보다 이미 더 잘 알고 있다. 그것은 정말 우리의 불행이다!

이동기
현재 서울대 통일평화연구원 HK연구교수로 재직하고 있으며 서양 현대사를 전공했다. 현재는 20세기 냉전사와 평화사에 관심을 갖고 있다. 저서로는 *Option oder Illusion. Die Idee einer nationalen Konföderation im geteilten Deutschland 1949~1990*(Berlin, 2010), 논문으로는 「평화와 인권―서독 정부의 대동독 인권 정책과 대북 인권 정책을 위한 함의」 등이 있다.

아타튀르크

공화국의 아버지, 혹은 계몽적 독재자

"아타튀르크는 뛰어난 지휘관, 예리한 정치인, 현실주의적 통치자이기도 했지만, 무엇보다 계몽주의자였다. 그리고 계몽주의는 성자가 아닌 인간만이 추구할 수 있다."

—앤드류 망고

무스파타 케말 아타튀르크Mustafa Kemal Atatürk(1881~1938).[01] 제1차 세계대전에서 패한 조국을 외세로부터 구한 구국의 영웅이자 터키공화국의 건설자이며 평생을 국민의 계몽과 문명화에 앞장선 지도자로, 터키 역사를 잘 모르는 우리에게도 그다지 낯설지 않은 이름이다.[02] 그런 그가 2012년 대선을 앞두고 박정희 전 대통령의 롤모델로 다시금 주목받게 되었다. 경제개발 5개년 계획을 통한 관 주도 경제 개발, 농촌 근대화 사업, 서구식 제도의 도입, 국민의 자긍심을 높이기 위한 '교육헌장' 등 두 사람이 조국 근대화와 개혁을 위해 갔던 궤적이 다방면에서 비슷했기 때문이다. 뿐만 아니라 두 인물모두 군인 출신이었고, 국가의 기반을 다지기 위해 일생을 바쳤으며, 지금의 터키와 한국의 위상은 이들 덕분이라는 평과 함께, 정도의 차이는 있지만 그들의 업적에 대한 비판과 논란이 진행 중이라는 점에서도 비슷하다.

우리나라뿐만 아니라 터키에서도, 오랫동안 금기시되었던 군부 문제와 쿠르드족 문제가 최근 쟁점화되면서 아타튀르크 개인과 그의 다양한 개혁들에 대한 평가와 토론이 활발히 이루어지고 있다. 또한 아타튀르크주의를[03] 철저히 구현한 케말리즘에 대한 평가도, 도식적이었던 과거와는 달리 그공·과에 초점을 맞추며 재평가되고 있다. 특히 2002년 총선에서 승리한 이래 2011년 6월 총선에서도 압승을 거둔 중도 이슬람 성향의 정의개발당(AKP)이 정치·경제는 물론 대외 관계를[04] 변화시키며 터키를 급격하게 지역 내 파워로 부상시키자, 세계는 다시 한 번 이슬람과 민주주의, 자본주의가 함께 공존하는 터키의 정치 체제를 주목하고 있다.

요동치는 불안정한 정치, 쿠르드족의 분리주의 투쟁, 만성적인 인플레이션과 높은 실업률, 걸프전과 미국의 이라크 침공, 이웃 국가들의 정치·경제적 불안정 등, 터키를 둘러싼 국내외 현실은 어렵기만 하다. 이러한 상황에서 이슬람의 가치를 표방하면서도 보수적인 이슬람식 정치의 틀을 벗고 새로운 21세기형 이슬람 정치의 가능성을 열었다는 평가를 받아온 정의개발당이, 1923년 공화국 선포 이후 터키 정치 이념의 근간을 이룬 세속주의에 어떤 영향을 미치며 케말리즘과의 갈등을 해결해나갈 것인지 세계의 이목이 쏠리고 있는 것이다. 게다가 최근 중동 지역 민주화를 대변하는 '아랍의 봄' 사태를 맞아, 중동 지역에서 이슬람 근본주의 세력의 확대를 우려의 눈으로 지켜보고 있는 서방은 터키의 이러한 정치적 실험이[05] 중동 국가들에게도 미래의 대안이 될 수 있을지 면밀히 살피고 있다.

무스타파 케말 아타튀르크가 사망한 지 75년이 지났음에

▲ 터키의 군인이자 혁명가, 그리고 터키공화국의 창시자이자 초대 대통령. 아타튀르크는 '터키의 아버지'라는 뜻이다.

도 그의 업적을 둘러싼 논쟁과 재평가는 여전히 진행 중이다. 그에 관한 새로운 논란이나 정보를 발굴하는 작업은 수많은 출판물로 발행되고 있으며, 그의 일대기를 영화로[06] 구현하려는 작업도 활발히 시도되고 있다.

남다른 애국심과 민족애, 탁월한 지도력을 보여준 무스타파 케말 아타튀르크. 터키의 관문인 아타튀르크 공항을 나서는 순간부터 거리나 건물 곳곳에서 마주치게 되는 수많은 그의 초상화와 동상, 어록들은 그에 대한 터키인들의 깊은 존경심과 애정을 보여주는 듯하다. 한 나라의 지도자에 대한 국민들의 이러한 예우는 그에 대한 역사적 평가를 말해주는 것일까? 아니라면 신격화된 독재자의 또 다른 얼굴에 지나지 않는 것일까? 성실한 군인에서 피 끓는 혁명가가 되어 외세로부터 제국을 지켜낸 구국의 영웅이 되기까지, 그리고 희망을 잃은 제국을 버리고 새로운 나라와 체제의 건설자로 변신한 그의 생애를 한번 살펴보자. 이를 통해 터키의 현대사만큼이나 파란만장한 삶의 무게를 극복하고 '국부'가 된 한 지도자의 인생 역정을 조금 더 깊이 이해하고, 우리 시대가 필요로 하는 지도자의 상은 무엇인지 다시금 돌아볼 수 있기를 기대한다.

아타튀르크의 생애

무스타파 케말은 유럽 문명이 '아름다운 시절(belle époque)'를 향유하던 시기에 태어났다. 하지만 한때 아시아, 아프리카, 유럽 세 대륙에 걸친 영토 위에 20여 개 민족과 약 5천만 명의 인구를 가진 대제국으로 최전성기를 누렸던 그의 조국은 대내외적으로 여러 위기에 직면해 있었다.

긴 19세기(1798~1922) 동안 영토 손실이 계속되어 오스만제국(1299~1923)의 변경 지역은 축소되었고, 특정 지역을 분리시켜 독립적인 주권 국가를 세우려는 적극적인 움직임들이 발칸반도와 아나톨리아, 아랍 지역 모두에서 나타났다. 나라 안에는 피난민이 넘쳐났고 재정은 고갈되었으며 계속된 전쟁으로 황폐해진 국토에서 오스만인들은 기근과 가난에 시달리고 있었다. 특히 무슬림들은 나라를 빼앗기고 있다는 위기감에 사로잡혀 있었다. 반면 외국인들이나 제국 내의 크리스트교도들은 유럽 열강과의 유대를 강화하는 가운데 여러 혜택을 누리며 황금기를 맞고 있었다.

이런 상황에서 비롯된 위기의식과 좌절감은 술탄의 정치 체제가 무지하고 후진적일 뿐만 아니라 부패하고 쇠락했으며 오스만제국의 생존, 특히 무슬림 공동체의 생존을 위협하고 있다는 생각을 젊은 오스만 지식층에게 확산시켰고, 사회의 불안과 갈등을 고조시켰다.

이처럼 무스타파 케말이 살았던 19세기 말에서 20세기 초는 모든 환경이 빠르게 변화하는 격동기였다. 특히 오스만제국의 지배 계층이었던 무슬림들은 자신들의 생존 여부를 걱정할 정도로 불안에 사로잡혔다. 또한 무역이나 교육, 외교 분야에서 유럽의 영향이 팽배해지면서, 전통을 고수하려는 집단과 근대화를 요구하는 집단 사이에 긴장이 고조되고 있었다. 한 치 앞도 예측할 수 없는 험난한 시대에 태어난 만큼, 그의 생애 역시 군인에서 혁명가로, 공화국의 건설자에서 개혁가로 끊임없이 변신하며 터키 민족이 걸어온 현대사의 질곡을 그대로 보여준다.

'구국의 영웅'

"터키의 젊은이들이여! 여러분의 첫 번째 의무는 터키의 독립과 터키공화국을 영원히 지키며 보존하는 것입니다. 이것은 여러분의 생존과 미래의 가장 기초가 되는 것입니다."

무스타파는 1881년 3월 12일, 지금은 그리스의 땅이 되어버린 국제적인 항구 도시 살로니카에서[07] 하급 세무원의 아들로 태어났다. 일곱 살 어린 나이에 아버지를 잃고 어머니의 재혼으로 친척집에서 자라기는 했지만, 성실하고 책임감 있는 아이로 평범한 유년 시절을 보냈다. 어릴 적부터 군인의 꿈을 키웠던 그는 어머니의 기대를 저버리고 몰래 군사중등학교에 입학해 군인의 길로 들어선다. 강한 의지력만큼이나 야망이 컸던 그는 군사고등학교를 거쳐 이스탄불의 왕립군사학교(Mekteb-i Harbiye-i Şahane)와 참모대학을 졸업할 때까지 학업에 열중하면서도 자유분방한 학창 시절을 보냈다. 이무렵 독서를 통해 습득한 새로운 사상은 그가 이후 실현할 이상의 기초가 되었으며, 긴밀하게 맺어진 인맥은 향후 정치적 연대의 바탕이 되었다.

무스타파는 1897년 크레타 반란이 일어나자 어린 나이를 속이고 자원입대하고자 모험을 강행했을 정도로 자신의 조국이 처한 불행한 상황에 마음 아파했던 애국청년이었다. 그는 사관생도 시절부터 반체제 신문을 발행하는 등 비밀 조직에 가담해 활동했다. 사실 제1차 세계대전 이후 터키의 민족주의 저항운동 조직 지도 그룹 대부분은 세기 전환기에 이스탄불사관학교에 재학하던 그의 동창생들이었다 해도 과언이 아니다. 하지만 1905년 1월 11일 중위로 임관한 그는 반체제 활동이 발각되어 혁명의 진앙지였던 마케도니아나 트라키아 지역으로 발령받지 못하고 제국의 변방으로 떠나야 했다. 혁명 장교로서의 경력에는 손해였지만, 이는 훗날 그가 더 중요한 역할을 하게 되는 발판이 된다.

1908년 2월경 무스타파 케말은 당시 대표적인 반체제 정치 조직이자 훗날 '청년 튀르크당'으로 알려진 '연합진보위원회(CUP)'에 가담했다. 비록 조직 내에서 두각을 드러내지는 못했지만, 1908년 일어난 청년 튀르크 혁명이[08] 성공하면서 그는 군인으로서, 그리고 미래의 비전을 가진 혁명가로서 입지를 '서서히' 다져나갔다. 하지만 청년 튀르크 혁명으로 새로 들어선 정부의 실세라고 할 수 있는 엔베르 파샤Enver Pasha 와 사이가 좋지 않았던 무스타파 케말의 입지는 안정적이지 못했다. 그런 상황에서 그는 중앙정치와 거리를 두며 변방의 전장에서 군 지휘관으로서 명성을 쌓는 쪽을 택할 수밖에 없었다.

자신을 정치적인 자각과 야망을 지닌 직업군인으로 규정하며 때를 기다리던 그에게 드디어 기회가 찾아왔다. 궁극적으로 오스만제국의 해체를 위한 전쟁이었던 제1차 세계대전이 발발한 것이다. 1911년은 터키가 겪은 대전쟁(Great War)의 시발점이었다. 이후 1923년 로잔조약이 체결될 때까지 터키는 단 1년간을 제외하고는 대부분 전쟁의 소용돌이 속에 있었다. 하지만 이 기간 동안 무스타파 케말은 대위에서 사령관으로 승승장구를 거듭하며 국내에서는 물론 국제적으로도 신생 터키 민족국가의 지도자로 인정받게 된다.[09] 그는 자신에게 유리한 상황이 올 때까지 기다릴 줄 아는 뛰어난 전략

▲ 1918년 당시 '갈리폴리의 영웅'으로서 군대를 이끌던 케말 파샤(장군).

가였다. 그리고 기회가 오면 지체 없이 행동했다. 행동은 실용적이었으며 생각은 현실적이었다.

무스타파 케말은 34세의 나이로 1915년 4월 25일부터 1916년 1월 9일까지 벌어진 갈리폴리 전투(Çanakkale Savaşı)에서 제5군 제19사단의 지휘관으로서 윈스턴 처칠Winston Churchill이 계획하고 이안 해밀턴Ian Hamilton이 지휘했던 상륙 작전을 수포로 돌리며 뛰어난 능력을 선보여 '이스탄불의 구세주'로 찬사를 받게 된다. 세계 최강이라던 영국군을 물리친 이 전투는 연이은 패배에 지쳐 있던 오스만인들에게 자긍심을 돌려준 값진 승리였다. '갈리폴리의 영웅'이 된 그는 장군(파샤)으로 특진되었고, 1916년까지 아나톨리아 방위에서 연합군과 전투를 벌여 연달아 승전보를 올렸다. 하지만 불리한 전세를 돌리기에는 그의 힘만으로는 역부족이었다. 결국 1918년 10월에 오스만제국은 항복했고 엔베르를 포함한 정부 수뇌들은 외국으로 달아나버렸다.

전후 연합군은 이스탄불과 마르마라 해안의 이즈미트, 에게해의 이즈미르 등지를 점령하고 오스만 영토에 대한 야욕을 노골적으로 드러냈다. 또한 동쪽에서는 아르메니아가, 서쪽에서는 그리스가 침략 준비를 하고 있었다. 이에 아나톨리아 지역을 중심으로 아나톨리아 서부와 북부에 대한 영유권을 주장하며 쳐들어온 그리스 군에 맞서 싸우는 저항 세력

▲ 1차대전 당시 갈리폴리의 참호에서 전방을 응시하고 있는 케말 파샤

이 형성되었다. 그들은 자신들의 저항을 아나톨리아 지역 내에서 튀르크인의 조국을 해방시키기 위한 튀르크인의 투쟁으로 점차 새로이 규정해나갔다.[10] 그리고 그 중심에 위기의 조국을 적들로부터 구해야 한다는 사명감을 갖고 1919년 5월 19일 흑해 연안의 삼순Samsun에 발을 내딛은 무스타파 케말이 있었다.

'공화국의 아버지'

"모든 나라의 운명은 문명을 건설하는 능력에 달려 있습니다. 문명화에 성공하려면 모든 것을 바꿔야 합니다. 수백 년 전의 사고방식을 고수하고 과거에 집착해서는 안 됩니다."

무스타파 케말은 "제국의 허울을 벗고 국난을 극복하기" 위해 민족 항전의 결의를 다졌다. 이로써 그는 군인에서 정치인이자 혁명가로 거듭났고, 튀르크 민족주의에 기반한 근대 터키공화국을 건설하는 초석을 놓았다. 우선 그는 동부 아나톨리아에서 지지 세력을 규합해 '아나톨리아·루멜리아 민족권리수호위원회'를 결성했다. 또한 향후 대외 정책의 기본 강령이 되는 '국민맹약(Misak-ı Milli)'을 선언하고, 외세의 통제나 영향력에서 자유로운 '국가 주체'의 필요성을 역설하며 1920년 4월 23일에는 앙카라에 '대국민회의'를 창설하여 의

장으로 활약했다.

1920년 8월 이스탄불의 술탄 정부가 굴욕적인 세브르조약에 서명하자 무스타파 케말은 조국 독립과 튀르크인의 권리 및 자유를 수호하기 위하여 본격적인 독립전쟁(Türk İstiklâl harbi)에 나섰다. 새로이 창설된 국민군은 서쪽의 그리스와 남쪽의 프랑스, 동쪽의 아르메니아에 맞서 싸워야 했다. 특히 영국의 지원을 받으며 앙카라 인근까지 쳐들어온 그리스군은 매우 위협적이었다. 1921년 8월 5일 국민군 총사령관으로 임명된 무스타파 케말이 사카리아 강변의 전투에서[11] 그리스군을 격퇴하고 그리스군의 본거지인 이즈미르마저 탈환하자 전세는 역전되었다. 연합군이 터키 전역에서 철수하기 시작했고, 터키의 새 정부와 새로운 조약을 체결하겠다고 나서며 케말이 이끄는 앙카라 정부의 대표성을 공식적으로 인정했던 것이다.

이런 변화에는 군사적 승리가 결정적인 역할을 했지만, 연합국 간의 갈등을 조장하고 소련의 볼셰비키 정권으로부터 받을 수 있는 도움은 최대한 받는 식의 능수능란한 무스타파 케말의 외교술 덕분이기도 했다. 터키의 주권에 대한 어떠한 양보나 타협도 없을 것임을 천명한 이스멧 이뇌뉘(İsmet İnönü, 1884~1973, 제2대 대통령)가 이끄는 터키 대표단에 의해 1923년 7월 24일 로잔조약이 체결되었다. 이로써 독립전쟁

▲▲ 1921년 9월 10일, 사카리아 전투 당시. 왼쪽에서 네 번째가 무스타파 케말, 그 바로 옆 다섯 번째 인물이 이스멧 이뇌뉘이다.

▲ 1922년 8월 무스타파 케말은 둠루피나르에서 그리스군을 격퇴시켰다. 전투가 벌어지기 전, 오랜 동지 이스멧 이뇌뉘와 찍은 사진.

은 종식되었고 터키의 영토 보존과 완전한 독립이 보장되었다. 이는 "오스만제국 시절의 불평등을 바로잡는 정치적 승리였다." 또한 "터키는 제1차 세계대전 패전국들 중에서 유일하게 폐허에서 일어났을 뿐만 아니라 승전국의 강요에 의한 평화를 거부하고 그들이 제시한 조건을 연합국이 수락하도록 만든 나라였다"라는 버나드 루이스의 말처럼, 로잔조약은 케말과 그의 정부의 외교적 승리였다.[12]

새로운 국가를 건설할 만반의 준비를 마친 무스타파 케말은 대국민회의와 협조하여 여러 급진적인 정책을 추진해나갔다. 새로운 정치 체제의 구축은 대국민회의가 1922년 11월 술탄제를 폐지하고 1923년 10월 29일 앙카라를 수도로 하는 터키공화국을 선포하며 무스타파 케말을 만장일치로 대통령으로 추대하면서 본격적으로 시작되었다. 공화정 헌법이 1924년 4월 20일 제정, 공포되었다. 처음에는 이슬람이 국교로 채택되었으나 1928년 4월에 이 조항은 삭제되어, 터키는 세속주의를 지향하는 공화국으로 거듭났다.

무스타파 케말은 종교로서 이슬람의 위상을 부정하지 않았지만, 터키공화국의 발전을 위해서는 무엇보다도 종교의 정치적 간섭을 배제하여 이슬람 국가의 정체성을 벗고 근대적이며 서구적인 국가로 변화해야 한다고 생각했다. 우선 이슬람의 영향력을 축소하기 위해 1924년 칼리프caliph제를 폐지했고 1926년에는 새 형법을 제정하여 샤리아[Sharia]에 근거한 이슬람 형법과 법정을 폐지했다. 또한 이슬람교도와 비이슬람교도 간의 차별을 금지하고, 서구화된 국민 교육을 도입하여 여성에게도 교육을 실시했다.[13] 한편, 1925년 가결된 '모자법'을 필두로 국민들이 서구식 복장을 하도록 종용하고, 1928년에는 아랍 문자를 버리고 알파벳으로 만들어진 터키 문자를 만들어 보급했다. 1926년에는 새로운 민법이 제정되어 일부일처제를 비롯한 남녀 평등권이 도입되었고, 1934년에는 가족법을 통과시켜 모든 터키인이 남녀를 막론하고 성을 갖도록 했다. 뿐만 아니라 터키 민족의 역사와 문화, 언어를 연구하여 국민들의 민족의식을 함양하고 이를 기반으로 '민족국가 터키'를 만들기 위해 끊임없이 노력했다.[14]

이처럼 무스타파 케말은 낡고 오래된 구습을 버리고 문명국가가 되기 위해 가능하면 설득을 통해, 그러나 설득이 안되면 '강제로라도' 사회 전반에 걸친 광범위한 개혁에[15] 나섰다. 하지만 오랜 이슬람 전통과의 단절을 의미하는 이러한 급진적인 조치는 엄청난 사회적 파란을 초래했다. 게다가 1923년부터 1929년까지 단행된 개혁의 효과는 쉽게 나타나지 않았고, 특히 농촌에서는 2차 세계대전이 끝날 때까지도 변화의 기미가 거의 보이지 않았다. 혁명가들이 그렇듯 그 역시 전반적인 변혁을 기대했지만 그 효과는 지배 엘리트층

▲ 1928년 무스타파 케말은 아랍 문자를 버리고 알파벳으로 만들어진 터키 문자를 만들어 보급했다.

에 한정되었던 것이다. 그럼에도 스스로를 위대한 지도자라고 규정한 무스타파 케말은, 국가적인 위기 상황을 감안하여 다소 비민주적이고 폭력적인 방법이 동원되더라도 모든 개혁 과정을 "혁명적으로 실행한다"는 소신을 버리지 않았다. 1927년 그가 말했듯이, "거대한 계획을 수행하려면 흔들리지 않는 능력과 힘을 지닌 지도자가 필요함을 역사가 증명하고 있다."[16] 실제로 그 과정에서 강압적인 수단도 많이 쓰였다. 옛 체제로 돌아가고자 언제든 반동주의적인 행동에 나설 우려가 있는 오스만 황실과[17] 이슬람 고위 성직자들은 끊임없는 감시의 대상이 되었고, 공화국 근대화에 걸림돌이 되거나 그의 개혁에 반대하는 인사들에 대한 정치적 탄압도 가해졌다.

아타튀르크 리더십의 명암

유능한 지도자는 대중의 불완전한 감정을 자신의 목적에 부합하도록 바꾸어놓을 수 있는 능력이 있다. 또한 적절한 때를 기다려 대중의 희망, 공포, 이기심, 그리고 잠재력을 이용할 수 있는 기회를 잘 포착한다. 뿐만 아니라 일련의 사건들이 자신을 위한 길을 예비하고 있을 때, 그리고 그 사회에

각성의 시기가 왔을 때, 그 개인과 대중 사이에 연결되어 있는 회로에 불을 붙임으로써 역사를 변화시킨다. 그 결과로서 인간의 자유와 권리의 증진, 인간성의 앙양이 이루어졌을 때 그의 권력 추구는 역사적으로 정당화되며 그의 지도력은 칭송받는다. 뛰어난 지도자의 이러한 면모를 고려했을 때 1938년 12월 26일 공화인민당에 의해 '영원한 지도자'라는 칭호를 부여받은 무스타파 케말 아타튀르크는 과연 어떤 지도자로 평가할 수 있을까?

'국민 영웅'의 또 다른 얼굴

한 인물의 생애를 조명해봄에 있어 지도자로서 그를 평가할 수 있는 몇 가지 시금석을 제시할 수 있다. 그중 하나는 지도자가 지도력을 행사할 때 강제에 의존하느냐 설득에 의존하느냐, 명령에 의존하느냐 동의에 의존하느냐 하는 것이다. 이를 기준으로 한다면 아타튀르크는 여러 측면에서 독재자의 면모를 보였던 인물이다. 심지어 그를 '알라의 현신'이라 부르는 이들도 있다. 오늘날 아타튀르크가 비난받는 이유는 크게 세 가지다. 민주적인 정부를 수립하지 않았다는 것과 세속주의 정책으로 지배 집단과 피지배 집단을 갈라놓는 등 터키 사회를 분열시켰다는 것, 그리고 쿠르드족을 부정하는 등 민족의 다양성을 인정하지 않았다는 것이다.

그를 독재자로 지목하는 이들은 독립전쟁 당시 무스타파 케말의 동지들로 구성된 터키공화국 최초의 야당인 진보공화당의 핵심 인사들에 대한 탄압을 대표적인 사례로 뽑는다. "국가를 이끌기 위해서는 피를 흘릴 필요도 있으며, 특히 개혁에 나선 사람들은 이를 완수해야 한다"고 말한 무스타파 케말은, 체제 전복을 노리는 집단이나 조직을 폐쇄할 수 있도록 하는 법안인 '질서유지법'을 승인하고 독립재판소(İstiklâl Mahkemeleri, 1920년 9월~1927년 7월)를 설치했다.[18] 케말의 독재 권력과 인민당의 일당 독재 체제에[19] 대항해 싸웠던 진보공화당은, 이 법안에 근거해 공화국의 반동분자로 낙인찍혀 결국 1925년 6월 3일 해산되었다. 이스탄불의 좌파 노동자 조직도 폐쇄되었다. 그 누구도 종교적인 반란이나 쿠르드족의 반란을 지지할 수 없었다. 만에 하나라도 있다면 국가에 대한 위협으로 간주되었다. 특히 언론에 대한 검열과 통제가 엄격했다. 언론은 정부에 대한 비판과 감시 기능을 서서히 상실해갔다.

이처럼 무스타파 케말은 질서유지법을 발효시키고 독립재판소를 통해 즉결심판을 강화하며 언론을 통제하는 등, 비민주적인 수단을 동원해 반정부 인사들을 제압함으로써 개혁을 완수할 수 있었다. 보수 세력과 개혁파 간의 오랜 갈등을 극복하고 일관된 개혁을 추진하여 질서 잡힌 좋은 사회를 건설하기 위해서는 권위주의적이면서도 계몽적인 '철인왕'의 지도가 필요하다는 '권위주의적 발전론'에 근거한다면, 아타튀르크가 보여준 행동은 당시로서는 역사적 필연이었을 것이다. 하지만, '위로부터의 혁명을 통한 권위주의적 근대화의 길' 외에 다른 선택은 불가능했던 것일까?

정치적 탄압 외에도 아타튀르크가 후대에게 남겨놓은 쿠르드족 문제는 근대적 국민국가 건설을 지향하는 가운데 민족주의의 과잉이 초래한 케말리즘의 한계를 명확히 보여주는 대목이다. 무스타파 케말은 부정하고 싶었겠지만, 신생 터키공화국에는 여전히 많은 수의 다른 민족들이 살고 있었다. 특히 1920년 세브르조약에서는 독립을 보장받았으나 1923년 새롭게 조정된 로잔조약으로 독립이 무산된 쿠르드족은 불만이 많았다. 그들은 무스타파 케말 정부가 지향하는 탈이슬람적 세속주의와 튀르크 민족주의에 근간한 동화주의 정책에 적대적이었다. 이에 쿠르드 분리주의자들이 공화정부를 전복하고 칼리프제를 부활시키고자 1925년 대규모의 조직적 반란을 일으켰다. 하지만 후일 쿠르드 분리주의운동의 시발점이 되는 이 반란은 케말이 파견한 군대에 의해 진압되었고, 터키어와 터키 문화로 통합된 하나의 나라를[20] 만들길 원했던 케말은 그 지도자들을 공개처형하여 다시는 반란을 일으키지 못하도록 공포심을 조장하는 등 억압적인 조치를 취했다. 근대국가는 국민적 동의를 생산하기 위해 항상 사회적 타자를 창출해왔고, 터키도 예외가 아니었음을 이 사례는 잘 보여준다. 물론 신생 공화국의 통합과 안정을 위해서는 불가피한 선택이었다고 할지 모르겠지만, 아타튀르크가 여전히 치안 불안과 인권 탄압의 주요 원인이 되고 있는 쿠르드족 문제를 후세의 터키인들에게 어려운 과제로 남겨놓은 것은 분명하다.

후대의 평자들은 대개 그의 이런 행동은 빈사 상태에 이르렀던 나라가 다시 새롭게 태어나는 과정에서 어느 정도 불가피했다고 말하며 '선근대화, 후민주화'가 당시로서는 최선이었다고 역설한다. 게다가 대부분의 역사를 통해 지도력은 신성한 권위의 옷을 입고 일방적으로 행사되어왔음을 간과해서는 안 된다고 주장한다. 또한 볼셰비키 혁명은 차치하고 프랑스 혁명만 비교하더라도, 아타튀르크의 혁명은 적은 희생으로 이루어졌다고 옹호한다.

당연히 어떤 인물과 사건에 대한 역사적 평가에서 시대적 한계는 반드시 감안해야 할 점이다. 특정한 역사, 사회적 맥락을 무시하고 현재적 관점에서 어떤 개인이나 사건을 비난할 수 없기 때문이다. 그렇기에 당시의 여러 국면을 고려했을 때 전쟁의 파국을 딛고 막 탄생한 공화국에서 동의에 기반한 의회민주주의는 불가능했다고 합리화된다. 또한 근대

문명 국가로 도약하기 위해 무엇보다도 정치와 종교의 분리를 주장하고 중앙집권적인 법과 질서를 강조하며 하나의 국가를 만들기를 원했던 아타튀르크가 이슬람의 영향력을 묵인하고 쿠르드족의 자치를 허용할 수 있었겠는지 반문한다.

그러나 궁극적인 목적과 시대적 상황이야 어쨌든, 이와 같은 정치적 탄압과 소수 민족의 억압, 이슬람 및 전통 관습의 배척 등이 초래한 사회적 분열과 상처를 부정할 수는 없다. 게다가 아무리 부당하고 잔인한 폭력을 행사한 권력일지라도 당대의 시대적 상황 속에서는 역사적 필연이었다고 주장한다면 합리화되지 않을 지배 권력은 없다.

그런 의미에서 우리는 아타튀르크가 보여준 권위주의적 리더십의 어두운 측면을 간과해서는 안 된다. 강력한 국가 건설을 위한 결단력 있는 지도력의 필요성을 주장하며 그의 반민주주의적 정치 양태를 묵인한다면, 케말주의의 근본적인 한계이자 지금도 해결되지 못한 터키 정치의 근원적 모순을 비판적으로 분석하고 전망하는 일은 애초에 불가능해진다. 근대화를 성공적으로 이끈 국부의 가면 아래 감추어진 또 다른 얼굴을 직시할 때만이 터키 민주주의의 발전과 미래를 논할 수 있는 장이 열리지 않을까? 그의 공과가 균형 있게 조명되지 않는다면 우리는 부당한 과거 지배 권력은 물론 현재, 더 나아가 미래의 부당한 지배 권력에까지 면

죄부를 주게 되는 우를 범하게 될 것이 자명하기 때문이다.

'국부'의 탈영웅화

역사학자 킨로스의 말처럼 "그의 정권은 민주주의 형태에 토대를 둔 독재 정권이었다. 그러나 그는 당시의 여느 독재자와는 달리, 자신이 사라진 뒤에도 존속할 수 있는 통치 형태를 구축하기 위해 노력했다." 비록 전체주의적인 일당 독재 체제를 선택했지만, 그는 종신 대통령을 하라는 제안을 거부했고 인민당을 국가 위에 놓지 않았다. 다시 말해 그의 통치 후반기인 1930년대의 터키는 민주정의 형태를 갖춘 일당 체제의 실용적인 정부가 통치하는 나라였다는 것이다.

아타튀르크는 결단력 있는 뛰어난 지도자였지만, 어떤 면에서는 무자비한 사람으로 두려움의 대상이 되었던 것도 사실이다. 그는 자기 조국이 처한 결정적인 상황에 때로는 거칠고 비민주적인 방식으로 대처했다. 하지만 독재자들이 전면적인 통치권을 장악했을 때 흔히 그렇게 해왔던 것과는 달리, 무제한적인 폭력에 의존하지는 않았다.

어쩌면 시대적 상황이 그것을 허용하지 않았다고 이야기하는 것이 솔직할지도 모르겠다. 통상적인 관념과는 달리 그에게는 언제나 적수가 될 만한 반대파들이 존재했고, 그의 분노를 자아낼 만한 쓴 충고를 아끼지 않는 동료들도 공화국 건설의 길을 함께 걷고 있었으며, 많은 국민들은 여전히 이슬람 전통과 제국에 대한 향수를 버리지 못한 채 그의 개혁을 받아들이지 못하고 있었다.

그가 권력을 좋아했던 것은 사실이다. 하지만 그는 그 힘을 악용하거나 개인의 영달을 위해 사용하지는 않았다. 그의 삶은 그가 새로운 터키에 대한 자신의 꿈을 실현하는 데 주로 그 권력을 행사했음을 입증해준다. 그는 확신을 가지고 터키 국민을 이끌며 그들에게 희망과 긍지를 심어주고자 했다. 또한 새로운 정신을 바탕으로 국가의 관심을 과거에서 미래로 돌리는 일련의 과감하고 극적인 개혁을 이룩했고, 이에 필요한 제도들을 마련했다. 부패하고 쇠퇴해가는 오스만 제국을 대신하여 현대적인 터키공화국을 수립함으로써, 그는 용기 있는 지도자만이 성취할 수 있는 큰 업적을 터키 국민에게 유산으로 남겨놓은 것이다.

그는 무엇보다도 터키 국민들에게 문명국을 건설할 수 있는 잠재적인 능력이 있다고 확신했다. 회의적이었던 그의 반대파들과는 달리, 터키의 후진성을 솔직히 인정하면서도 이를 극복할 능력이 터키 국민들에게 있다고 믿었던 것이다. 아직은 많은 사람들이 무지하지만 교육을 받으면 된다고 생각했고, 스스로 그들의 교사가 되고자 했다. 자신을 지지하든 반대하든 간에 소통하는 것을 좋아했던 무스타파 케말은 자신의 성취에 대해 알리고 자기의 미래 비전을 다른 사람들과 공유하고 싶어 했다. 이를 위해 언론인들과 수많은 인터뷰를 했으며, 대중 선전의 효과를 극대화하기 위해 필요한 언론 매체를 만드는 데 적극 나섰다. 뿐만 아니라 지방 순회 시나 의회에서도 기회가 될 때마다 연단에 서곤 했다.[21]

아타튀르크의 정치 개혁은 많은 한계를 드러냈지만 그의 사회·문화 개혁은 실질적이었고 광범위한 영향을 미쳤다. 그는 합리주의자였고 현실주의자였으며, 보편 문명과 인류의 진보를 믿는 낙관적인 인본주의자였다. 특히 그는 터키 민족의 문화를 자랑스러워했고 그 저력을 신뢰했다. 또한 타민족의 우수한 점은 배우되 외세 의존은 철저히 배격했다.

아타튀르크는 세속적인 가치를 공유하고 상호존중을 통해 동서가 함께 어우러져야 한다고 역설했으며, 또 민족주의와 평화는 양립할 수 있고 인간의 이성만이 인생을 가치 있게 해준다는 메시지를 후대에게 남겼다. 비록 그가 제시한 길에 공감하지 못하고 그를 독재자로 비난하는 이들도 없지 않았지만, 미래를 예측할 수 없는 신생 공화국을 이끄는 지도자로서 그가 보여준 국민에 대한 사랑과 믿음, 그리고 절대적인 자기희생은 다시 한 번 그의 지도력을 되돌아보게 한다.

아타튀르크의 반대파는 물론 지금도 존재한다. 보수적인 무슬림들은 그가 추구하던 세속적인 발전을 우상 숭배에 불과하다고 여길 뿐만 아니라, 그 또한 이교도들을 모방한 인물로 간주한다. 그를 그저 파렴치한 독재자로 여기는 사람들도 있다. 이웃 국가의 민족주의자들도 아타튀르크에게 불만이 많다. 쿠르드 민족주의자들은 터키 영내에서의 쿠르드족 학살 정책이 그의 책임이라고 주장한다. 반터키 민족주의자들도 아타튀르크를 비난한다. 터키인이든 아니든 마르크스주의자들 또한 나름대로 그를 비난할 근거를 지니고 있다.[22]

한편, 그는 여성의 사회적 지위 향상을 위한 법안들을 여럿 만들었지만 개인적으로는 여성의 동등성을 인정하지 않는 가부장적인 남자였다. 그는 합리주의와 과학을 고수하면서도 다른 한편으로는 말도 안 되는 역사와 언어 이론을 만들었다. 또한 민주주의의 옹호론자였지만 자신을 추종하는 집단을 만들었고, 자신이 항상 옳다고 확신했다. 비록 현실주의에 입각해 행정을 이끌며 케말의 이상주의를 보완했던 이스멧 이뇌뉘 같은 동료들이 곁에 있었지만, 지도자는 모든 면에서 완벽해야 한다는 그의 강박관념은 그를 늘 외롭게 했다. 합리성을 추구하면서도 불합리한 개인적인 습관도 버리지 못했다.[23]

그러나 지도자라 해서 신적인 존재는 아니다. 그들도 평범한 인간과 다름없다. 어떤 지도자라도 전혀 잘못이 없을 수는 없으므로 모든 지도자들을 고찰할 때는 일정한 거리를 두고 항상 이와 같은 사실을 상기할 필요가 있다. 그렇기에 '위대한' 지도자일지라도 세심한 관찰력을 가지고 새롭게 평가되지 않으면 안 된다. 많은 터키 국민들은 자신들의 영웅이 평범한 인간으로 발가벗겨지는 것을 거부할지도 모른다. 하지만 쿠르드족 문제를 비롯해 군부의 과도한 정치적 개입, 주변 국가들과의 과거 청산, 이슬람과 세속주의 간의 갈등 등, 그가 남긴 불편한 유산들이 제대로 청산되지 않는다면 터키의 밝은 미래는 기대할 수 없다. 이것이 무스타파 케말 아타튀르크를 다시 주목해야 할 이유이다.

국민 영웅 아타튀르크의 빛과 그림자

스러져가는 오스만제국의 운명을 예견하고 새로운 정치체제의 국가를 구상하며 1923년 체결된 로잔조약의 틀 내에서 현실적인 방향으로 국가를 건설하기 위해 노력했던 무스타파 케말 아타튀르크. 그는 열성과 진심을 다해 많은 이들이 불가능하다고 단언했던 개혁을 빠르게 추진하며 새로운 국가 체제를 완성했다. 물론 그의 급진적이고 서구 지향적이며 위로부터 주도된 '일방적인' 개혁은 많은 이들의 저항을 초래했고, 그 과정은 갈등과 희생의 연속이기도 했다. 특

▲ 1938년 11월 10일, 57세의 나이로 사망한 무스타파 케말 아타튀르크는 그해 12월 26일 공화인민당에 의해 '영원한 지도자'라는 칭호를 부여받았다. 사진은 그의 장례 행렬 이다.

히 국민의 99%가 이슬람 신자이고 아직 과거 오스만 왕정에 대한 향수와 거대 제국에 대한 미련을 버리지 못하던 이들에게 그의 개혁은 재앙 그 자체였을 것이다. 이처럼 아타튀르크는 위대한 현실 정치인이면서도 적지 않은 사람들에게 상처를 준 독재자의 면모도 가지고 있다. 따라서 그에 대한 평가 역시 극과 극을 달린다.

그가 제시한 국가의 미래상에 공감하는 정도와 그의 개혁 방식에 대한 찬성 여부는 신념에 따라 또는 정치적 이해관계에 따라 달랐지만, 그럼에도 그가 실용적 사고와 강인한 정신력을 바탕으로 외세의 침략으로부터 조국을 구하고 새로운 국가 탄생의 기반을 다졌다는 데 반대하는 이는 거의 없다. 그는 뛰어난 지휘관이었고 예리한 정치인이었으며 현실주의적인 통치자였다. 그의 실질적이고 광범위한 사회·문화 개혁은 터키공화국이 문명 국가로 도약하는 데 결정적인 역할을 했으며, 이러한 개혁 정책은 그의 사후에도 계승되었다. 이렇게 세속적인 법을 통해 사회 규범을 바꾸어나감으로써 터키에서는 이론적으로는 불가능하지만 현실적으로는 가능한, '세속주의 이슬람'이라는 새로운 형태의 이슬람이 점차 발전하게 되었다. 그 결과 터키의 정치 체제는 이슬람 방식도 아니고 서구의 방식도 아닌 제3의 대안으로 검토 가능한 중동의 민주화 모델로 제시되고 있다. 이렇듯 그가 추구한 정책과 이상들이 터키공화국의 이념을 넘어 요동치고 있는 중동과 세계 질서에 중요한 이정표가 됨에 따라 그의 지도자적 면모는 다시 주목받고 있다.

사실 어떤 시대, 어떤 인물이든 빛과 그림자가 동시에 존재한다. 그러나 우리는 한 시대와 인간을 평가할 때 쉽게 이분법적인 시각에 함몰되어 사고의 균형과 유연성을 빼앗기곤 한다. 이는 맹목적인 신격화로 이어지거나 근거 없는 폭력적인 비난으로 변질되기 십상이다. 그렇기에 담대하면서도 예리한 시선으로 국민 영웅의 아름다움과 추함, 위대함과 비루함을 냉정하게 드러내는 작업은 반드시 필요하다.

영웅의 탈영웅화, 또는 영웅의 인간화라는 세계적인 흐름과 함께 닫힌 민족주의와 국가주의에 대한 반성 작업이 활성화되면서, 최근 터키에서도 아타튀르크 개인과 그의 다양한 정책에 대한 재평가가 시도되고 있다. 터키는 세속주의 국가이기에 학교에서 이슬람 종교 교육을 따로 하지 않지만, 케말리즘은 공식적으로 가르친다. 이런 가운데 케말리즘의 신성화가[24] 급속도로 진행되면서 정부와 이슬람에 대한 언론의 비판은 가능하지만 아타튀르크에 대한 비판은 금지되어 언론 자유가 제한되고 건설적 반대 의견을 허용치 않는 경직된 사회 분위기가 조성되는 등 여러 부작용이 나타났다. 따라서 개인의 자유 의사를 존중하는 열린 민주 사회로 한

발짝 더 도약하기 위해서라도 터키 국부의 인간적인 면모를 부각시키고 그의 영웅적인 업적만큼이나 역사 기록에서 지울 수 없는 실패도 조명함으로써 해석의 장을 넓히는 작업은 큰 의미가 있다 하겠다.

이은정
'오스만제국사'를 전공한 이은정은 현재 서울대학교 서양사학과에서 강의를 하고 있다. 주로 오스만 무슬림 여성의 사회적 위상 문제에 관심을 갖고 관련 주제들을 공부 중이다. 대표적인 논문으로는 「오스만 황실 하렘과 여성, 1839~1908—황실 여성의 지위와 역할을 중심으로」가 있다.

마르코스

국가이익에 앞세운 개인의 욕망

"마르코스의 군사 계엄 시절 희생된 수많은 피해자들은 아직도 국가로부터 희생자로 인정받지 못하고 있다. 내가 지켜보고 있는 한 마르코스를 국립 묘지에 안장할 수 없을 것이다."

— 코라존 아키노

필리핀은 기념비적인 역사유물이나 깊고 독창적인 문화유산은 없지만[01] 학술적으로는 매우 흥미로운 나라다. 라틴·가톨릭의 전통을 이어받아 라틴아메리카와 같은 경제사회적 구조를 가지고 있는가 하면, 미국 식민 통치의 유산으로 의사법치주의적 사회 질서와 불완전한 실용주의가 국민들의 행동 양식을 규정하고 있기 때문이다. 또한 말레이계인 원주민이 스페인 식민 통치 이전부터 내화해온 동아시아적 유전자 때문에 가족의 유대를 중시하는 유교적 전통도 가지고 있다. 이렇게 세 가지 문화적 전통이 필리핀인들의 일상 생활 패턴이나 정치사회적 행태에 복합적으로 영향을 미치고 있어서, 필리핀에는 관찰하고 분석할 학문적·시사적 대상이 아주 풍부하다.

　정치 체제 측면에서는 우리나라와 유사한 궤적을 그리던 시절도 있어, 비교정치학자들에게 한국과의 비교 대상으로서 나름대로 가치가 있다. 2차 세계대전 이후 독립한 두 나라 모두 미국의 강력한 영향력 아래서 신생국으로 출범했다. 또한 대통령 중심제의 정부 형태와 보수 양당제를 가진 유사민주주의 국가였다는 것도 두 나라의 비슷한 점이다. 1972년 두 나라 모두 집권 대통령이 주도하는 정변에 의해 권위주의 체제로 이행한 것과, 국민의 집요한 저항을 받아 필리핀이 1986년에, 그리고 한국이 이듬해에 민주화로 재이행한 점도 매우 유사하다. 두 나라의 이행 과정에서 정도의 차이는 있지만 미국이 일정한 역할을 했다는 것도 그렇다.[02] 그러나 한때 아시아의 선진국이었던 필리핀은 한국과 달리 계속 후퇴하여 아시아에서도 후진국으로 전락했다. 이런 추세는 재민주화 이후에도 계속되었다.

이와 같이 추락한 필리핀을 두고, 대다수 학자들은 필리핀에 내재한 구조적 요인들을 주목한다. 그러나 필리핀의 추락에는 구조적 요인과 더불어 마르코스^{Ferdinand E. Marcos(1917~1989)}라는 지도자가 스스로를 위해 취한 나름의 '합리적' 선택에도 원인이 있다. 마르코스가 필리핀 추락의 한가운데서 시도했던 일련의 정치·경제·사회 정책들과 전략들 중에는 구조적 제약을 넘어 국가적 합리성을 추구한 것들이 있었고, 그로 인해 정치적 위기가 닥쳤을 때 그는 자신의 사회경제적 출신 성분에 부합되는 이익을 추구하여 타협함으로써 다시 구조의 제약 속으로 회귀했던 것이다.

이런 필리핀의 사회 구조와 마르코스의 전략적 선택을 이해하기 위해서는, 먼저 필리핀의 근대사가 시작된 시기로 거슬러올라가 마르코스 등장 전후까지 이어지는 역사 속에서 필리핀의 정치사회적 구조를 살펴보아야 한다. 그러고 나서 마르코스의 성격과 리더십 스타일을 알아보고, 그것이 그의 집권 중에 일어난 왕복 체제 전환─권위주의화와 민주화─에 어떤 영향을 미쳤는지 확인해보자.

근대 필리핀의 정치사회 구조[03]

식민 시절 이전에 형성된 '후원자─수혜자 관계(patron-client relationship)'가 필리핀 사회 구조의 근간이 되어 현재에 이르고 있다. 이는 당초 지주들과 소작인 사이에서 발전된 경제 사회적 관계로서, 공공 이익이 아닌 사적인 개별 이익을 두고 맺어진 것이다. 이 관계는 소수의 지주와 산업자본가들이 후원자의 입장에서 수혜자인 소작인, 농업 노동자 및 산업 노동자 등 민중 계층에게 기본적인 생계와 자녀의 교육 등에 필요한 재원과 안전을 제공하고, 대신 그들로부터 노동력과 정치적인 지지를 받는 형태로 작동해왔다.

스페인 식민 통치 이래 필리핀의 경제 자원은 거의 모두 소수의 지주와 도시 사채업자들 및 부동산 소유자들이 독점적으로 보유하고 있어 빈부의 격차가 아주 심각하다. 과두족벌은 대부분 스페인계 혼혈인이거나 중국계인데, 지금도 수십여 개의 과두족벌이 국부의 90% 정도를 차지하고 있다.

이들 후원자 계층과 수혜자 간에 형성된 정치경제적 교환 관계는 필리핀인들의 정치 행태에 그대로 투영되어 정치 과정을 지배하는 행태이자 문화가 되었다. 특히 미국 식민 당국이 식민지 엘리트들의 정치적 욕구를 고위 행정 관료가 아닌 지방의회 의원으로 충원하여 채워주는 전략을 선택함으로써 식민 시절부터 지방의원 선거가 행해졌고,[04] 후원-수혜 관계는 정치 과정을 지배하는 기본 메커니즘이 되어 독립 이후 중앙정치도 이에 의해 작동되었다. 따라서 필리핀에서 정치는 공공 이익의 도출이 아니라 지도자와 추종자 간에 사적 이익을 분배하는 장으로 기능해왔다. 정당도 엘리트들이 이를 원활하게 하는 도구로서 기능하고 있을 뿐이다.

오랫동안 지속되어온 농촌의 전통적인 사회 구조는 '후크 반란'이라는 농민 봉기 이후 약간의 변화를 보이기 시작했다. 산업화와 지주들이 농민에 대한 노동력 의존을 줄이려고 도입한 농업 기계화는 농민들의 도시 진출을 유도하여 노동 부문을 창출하면서 도시 빈민도 양산하게 되었다. 농촌에 잔류한 농민들 중 후크 반란으로 자각한 부류는 기존 질서에 대한 도전 세력이 되었다. 이런 현상은 엘리트들로 하여금 사회 개혁을 통치 어젠다에 포함시키게 했으나, 현상 유지를 원하던 그들은 각종 개혁 프로그램을 형식적인 것으로 퇴색시켰다.

기존의 사회경제적 틀 내에서 산업화 문제를 해결하고자 했던 정부도, 관세 정책을 운용하고 보조금을 지급하면서 수입 대체 산업화를 추진하여 국가 경제의 구조적인 종속 상태가 온존되었다. 산업화라는 것도 대체로 미국 회사들의 하청을 받아 원자재나 중간재, 그리고 부품과 장비를 미국으로부터 도입해 운영하는 포장·조립 차원에 머물렀다. 공익 산업, 에너지나 철강 등 중요 산업 분야는 미국계 회사에 의해 지배되었다. 정부의 관세·보조금 정책을 통한 산업화로 국내 자본가들은 부를 축적할 수 있었지만, 노동자들에게는 생산성 증대에 따른 대가가 돌아가지 않았다. 인구의 급격한 도시 집중으로 인해 노동력이 풍부하게 공급되어 노동자들의 실질소득은 오히려 감소했고, 그에 따라 사회적 양극화는 더욱 심화되었다.

　미국 식민지 시절 국민당 단일 정당으로 출발한 필리핀의 정당 정치는 독립 직전의 분당으로 양당 체제를 형성했으나, 분당의 원인이 이념이나 정책이 아닌 정치경제적 이해관계여서, 이들은 '한 정당 내의 두 파벌' 간 경쟁과 같은 행태를 보여왔다. 이런 양당제 아래의 정치 과정은 정치 행위자들이 '사적인 보상'을 고리로 경쟁하고 협력하는 양상이었다. 정치인들은 사적 보상에 필요한 재원을 확보하기 위해 동료 엘리트들과 경쟁하면서, 동시에 추종 세력과의 이해관계 조정에도 신경을 써야 했다. 엘리트들은 사회 구조 수호를 위해 다른 엘리트들과 '수평적 연합'을 맺었고, 동시에 각 엘리트를 정점으로 하는 하위 후원-수혜 관계를 포괄하는 '수직적 연합'도 형성했다. 정당들은 수직적·수평적 연립으로 구성된 '이중 제휴'를 유지하기 위해 모든 계층의 이익을 대변하는 모양새를 취하면서, 실질적으로는 엘리트들의 지배 구조를 지속하기 위한 전위대로 활동했다.

필리핀에서 선거는 사회 구조를 선택하는 경쟁이 아니라 엘리트 간에 기득권과 지배권을 건 적나라한 경쟁으로서, 많은 비용을 필요로 했다. 이권 확보를 목표로 하는 정치 엘리트들은 선거에 지출한 고비용을 공공 부문에서 회수하기 때문에, 그들의 의정 활동은 정부 예산을 자신의 정치 자산으로 전환하는 데 집중되었다.[05] 국가 발전, 개혁 입법, 이념 및 당적 등은 별 의미 없는 수사나 수단에 불과했다. 의원들은 통과될 가능성도 거의 없고 설사 통과된다 해도 시행에 필요한 재원을 마련할 수 없는 무의미한 법안들을 무수하게 제안하면서 각종 지방 정치 조직이나 기타 사회단체들의 사적 요구에 부응하는 모습을 보였으며, 정작 그 법안들을 통과시키는 데는 별 관심을 두지 않았다.[06] 또한 기득권을 유지하기 위해 대통령이 제안하는 현상 타파적 개혁 법안들은 여지없이 부결시켰다. 대통령과 의원들은 지배 계급 출신이라는 공통점을 지니고 있었지만, 직책에 따른 이해관계가 달라 거의 항상 갈등을 빚었고, 의원들은 지속적으로 대통령을 무력화시키려 노력했다. 그러나 정치 자원 확충이 제일 절실했던 대통령에게는 이를 충당하는 데 필요한 의원들의 지지를 확보하는 것이 가장 중요했다. 대통령은 자신의 재선과 추종 세력의 의회 진출에 필요한 재원을 확보하기 위해 의원들과 야합하여 정부 예산을 확대 편성했다. 이는 결국 국가 경제 질서를 왜곡하고 정부와 체제의 정통성도 훼손했다.

마르코스와 필리핀의 권위주의 체제[07]

마르코스의 성격과 리더십 유형

필리핀은 미국식 삼권분립의 대통령제를 도입했지만 이는 곧 전통적인 토착 문화와 뒤섞여 필리핀 특유의 형태와 작동 양식을 지니게 되었다. 대통령직은 많은 권한이 주어짐으로써 정치 과정에서 추출되는 자원이 모여드는 중심이다. 따라서 대통령의 지도력과 의도에 따라 정치 제도의 질이나 정치 과정이 변화할 수 있다.

필리핀 대통령들 중에는 부르주아 출신의 변호사가 많다. 마르코스는 필리핀 최고 명문인 국립 필리핀대학교 법과대학을 수석으로 졸업했다. 재학 중 국회의원이었던 자기 아버지의 정적을 암살한 혐의로 옥살이를 하다가 스스로를 변호하여 석방될 정도로, 적극적이고 유능한 법률가의 자질을 가지고 있었다. 법과대학을 졸업한 뒤 변호사 생활을 하던 마르코스는 32세 때(1949) 자유당 소속으로 하원의원에 당선되어 10년간 의정 생활을 했고, 이어 1959년에는 임기 6년의 상원의원에 당선되었으며, 1963년에는 상원의장에 선출되었다. 1965년에 자유당의 대통령 후보 지명대회에서 실패하자 곧바로 국민당으로 당적을 옮겨 후보로 선출되어 대통령에 당선되었다.

마르코스가 매우 집요하고 적극적인 성품의 소유자였다는 것을 보여주는 예들은 많다. 이미 언급한 바와 같이 그는 정적 암살도 서슴지 않을 정도로 결기에 차 있었고, 제2차 세계대전 중 일본이 필리핀을 점령했을 때 자신이 소규모 유격대를 지휘하며 항일 투쟁을 전개했다고 주장한 바 있었다. 미국 측이 그의 항일 투쟁 경력에 관한 자료가 전혀 없음을 밝히면서 주장의 신빙성이 의심 받자, 마르코스는 항일 부대 소속 시절의 사진을 공개하며 재차 경력을 주장했지만 그 사진마저 조작이 의심되는 자료였다.

가르시아Carlos Garcia를 제외한 전임 대통령들이 모두 그랬듯이, 마르코스도 친미 정책을 구사하면서 강자가 규정하는 구

▲ 1966년 9월 14일 백악관을 방문한 마르코스 부부가 린든 B. 존슨 대통령 부부와 함께
포즈를 취하고 있다.

조에 순응하여 개인적인 목적을 달성하는 교활함을 발휘했다. 정치 과정에서는 당적 변경도 불사했고, 1969년에 자행한 것처럼 금권, 관권 및 폭력까지 동원해 목적을 달성하고야 마는 무자비함도 지닌 철저한 성격의 소유자였다.

영리함—아니 오히려 교활함—과 수단 방법을 불사하는 결기와 적극성, 집요함 등으로 표현되는 그의 성격, 그리고 그가 동원했던 정치적 수단을 감안하여, 바버James D. Barber가 미국 대통령들을 분류한 방법에 따라 마르코스의 지도자로서의 성격을 분석해본다면,[08] 그는 전형적인 '적극적-부정적' 리더십을 가진 최악의 독재자였다. 1965년 선거와 뒤이은 대통령 임기 동안에는 그나마 조금 나았다. 하지만 1969년 대통령 선거에서 재선되기 위한 그의 사전 정지 작업과 선거에서 보여준 행태, 그리고 장기 집권을 위해 선택했던 권위주의 체제—그는 이를 '신사회(New Society) 체제'라 칭했다—의 출범·유지·붕괴 과정에서 동원된 갖가지 수단을 보면, 마르코스는 온갖 부정적인 수단과 방법을 동원하여 적극적으로 개인적인 야망을 좇다가 결국 몰락해버린 독재자였다.

마르코스의 정책과 전략, 그리고 정치 행태가 아무런 외부 영향 없이 생성되고 존재했던 것은 물론 아니다. 그것은 사회 구조의 제약, 그리고 개인의 선호와 성품이 어우러져 산출된 결과물이었다. 필리핀인들의 전통과 문화, 국내외의 사회경제적 조건은 공동체로서의 필리핀 국가가 일체감을 유지하고 성원의 복리를 증진시킬 수 있게 만드는 '국가적 집단 합리성'의 구현을 불가능하게 했다. 즉, 식민 지배가 시작되면서부터 부과된 종속적인 국제 경제 질서와 식민 지배 이전부터 조성된 전통적인 국내 사회 구조가 경제난과 정치 사회적 위기의 극복을 어렵게 했던 것이다. 따라서 구조적 제약을 깨뜨리는 것이 국가적 집단 합리성의 전제였다. 반면, 사회 구조와 개인 성품의 함수로서 마르코스에게 형성된 '개별적 합리성'은 자신의 정치적 입지를 공고히 하고 지도력을 안정화 내지 유지하는 것이었다. 그는 이 개별적 합리성을 실현하기 위해 수단과 방법을 가리지 않을 준비가 되어 있었다.

권위주의 체제의 등장

실질적이건 형식적이건 국가적 집단 합리성의 추구가 개별적 합리성의 추구에 도움이 되거나 적어도 방해가 되지 않을 경우라면, 마르코스는 집단적 합리성을 실현하려 시도했다. 그의 집요하고도 적극적인 성격은 목표를 위해 수단과 방법을 가리지 않게 했고, 이는 경우에 따라 외국의, 혹은 엘리트나 민중들의 저항을 초래했다. 그 저항이 자신의 개별적 합리성 추구에 방해가 되면, 마르코스는 '기꺼이' 집단 합리성의 추구를 포기했다. 1969년 재선을 위한 사전 준비와 선거 전략 및 캠페인이 그런 예들이다.

재선 임기가 시작되면서부터 마르코스에게 가해졌던 안팎의 도전은 결코 만만치 않았다. 마르코스 정부에게 시련을 안긴 상황 요인들은 크게 경제·정치·군사의 세 가지로 논의될 수 있다.

먼저 경제적으로, 그는 소외된 수출 농업 부문 및 민중의 저항 속에서 국제 금융 기구의 경제 통제까지 받고 있었다. 필리핀의 경제사회 구조는 독립 이후 계속 농산물 수출업자인 지주 계급이 주도해왔다. 필리핀 정부는 1950년대부터 수입 대체 산업화 전략을 통해 이를 바꾸려 했다. 마르코스 정부는 수입 대체 산업화 전략의 일환으로 외환 통제 제도를 폐지하여, 수출 농업 부문에 대한 지원과 특혜를 감축했다. 그러자 농업 생산이 감소하고 농산품 수출이 급감하여 경상수지 적자가 나타나기 시작했다. 경상수지 적자가 심화되자 외환 위기가 왔고, 종국에는 국제통화기금(IMF)과 세계은행(WB)에 국가의 경제 운용권을 넘겨줄 수밖에 없게 되었다. 마르코스는 두 국제 금융 기구의 권고에 따라 수출 주도 산업 위주의 구조로 경제 개편을 단행했고, 신·구 산업 부문 관계자들의 이해관계 대립 속에서 정치적 어려움을 겪게 되었다.

정치적인 면을 보면, 그는 의회에 대한 지배력을 확보하지 못해 의회와 대립 중이었다. 재선 직후에는 마르코스가 첫 대통령 임기 중에 확보한 정치적 자산에 이끌린 의원들이 그를 따라 국민당으로 옮겨와 압도적 과반수를 차지하고 있었기 때문에 큰 문제가 없었다. 그러나 과두 지주 계급이 주축을 이루는 의원들은 곧 중심부 세계—특히 미국—가 설정한 구도에 따라 대외 지향적 경제 구조로 전환해가던 마르코스의 경제 정책에 저항하게 되었다. 의원들의 절대다수가 대통령과 당적을 같이 했지만, 국가적 합리성을 추구하는 개혁 정책이 의원들의 개인적 이익과 상충했기 때문에 그들은 대통령의 정책들을 거부했다.

군사적인 면에서는, 공산 반군의 활동이 체제와 사회 질서를 위협하기 시작했다. 그동안 미국이 필리핀에 군대를 주둔시키고 군사 원조를 제공해 무장 반체제 세력을 어느 정도 제어해왔지만, 1969년에 발표된 '닉슨 독트린Nixon Doctrine' 에 따라 미국이 직접 개입 전략에서 '저강도 전략low-intensity strategy'으로 전환하자, 반군 활동은 더욱 활성화되었다.

잔존하던 수입 대체 산업 부문도 외부 압력에 밀려 추진되던 수출 주도 산업화 정책에 강력하게 저항했다. 중앙집권화를 통해 강력한 리더십을 확보해야 개방적인 경제 체제를 구축하고 외국 투자를 활성화할 수 있었는데, 의회를 지배하던 지방 엘리트는 중앙집권화를 거부하고, 민중은 민족주의의 감화를 받아 저항의 강도를 높여갔다. 미국과 국제 금융 기구가 가하는 외부 압력과, 지주·수입 대체 사업 부문 및 민중이 가하는 내부 압력이 교차하는 한가운데서, 마르코스 정부는 그중 어느 한쪽에라도 밀릴 경우 원활하게 국정을 운영할 수 없었다. 마르코스는 전통적인 지주 세력을 누르고 강력한 리더십을 확보하느냐, 수출 주도 산업화를 추구하라는 외부 압력에 따라 수입 대체 산업화 세력과 갈등하느냐, 아니면 수입 대체 산업 부문과 연합해서 외부 압력에 대항하느냐 등의 전략 중에서 가능한 조합을 선택해야 했다. 여기서 마르코스의 선택 기준은 자기 자신을 위한 개별적 합리성, 즉 '권력 유지 및 강화'였다.

마르코스는 경제 회복, 정치적 불안정 해소 및 무장 반군의 위협에 대한 대처라는 당면 과제를 위해 불가피한 선택이라면서 소위 '신사회 체제'를 출범시켰다. 과두 지주 가문을 근간으로 하는 기존 체제는 국가 경제 개발보다는 지주의 이익에 맞춰 지방의 경제 구조를 조직하는 데 유용할 뿐이기 때문에, 국가 경제 개발을 위해서는 '강한 국가'를 가능케 하는 새로운 체제가 필요하다는 것이었다.[09] 대통령 스스로 쿠데타적 정변을 통해 권위주의 체제를 출범시킨 것이다.[10] 마르코스가 주도한 이 '권위주의 동맹(authoritarian pact)'의 파트너는 산업자본가, 일부 지주 계급, 군부, 테크노크라트, 패권적 외세, 노동자와 농민을 포함한 일부 좌파 정치 세력 및 지식인들이었다. 이로써 필리핀 사회는 몇몇 지주 엘리트를 정점으로 하는 '과두적 후견자—수혜자 관계'에서 대통령 일인을 정점으로 하는 '일원적 후견자—수혜자 관계'로 전환되었다. 상당수의 중산층은 '정치적 군벌주의'를 종식시키겠다는 약속을 믿었고, 농민들은 새로운 농지 개혁 프로그램을 추진한다는 약속을 믿었다. 그들은 그런 이유로 신사회 체제를 지지했다. 특히 민중은 전통적 사회 체제의 산물인 저개발의 피해를 고스란히 감수해온 집단으로서, 지주 계급을 타파하고 공산 반란 세력을 진압하겠다며 출범한 신사회 체제에 호의적이었다. 반면 민주주의를 지향하는 야당 정치인들, 언론인, 학생, 가톨릭 교회 및 일부 고위 군 장성들은 이에 반대했다.

그러나 국가적 집단 합리성을 명분으로 내세워 개별적 합리성을 성취한 마르코스의 친위 정변은, 또 다른 국가적 집단 합리성인 민주적 가치와 상충하기 때문에 결코 안정화될 수 없는 것이었다.

권위주의 체제의 경제 정책과 정치경제
표면적으로는 경제 사회적 이유를 내세웠지만 강력한 중

앙집권적 통치권을 확보한다는 정치적 목적이야말로 신사회체제의 내심이었음을 감안한다면, 이 체제가 내심의 목적에 부응하는 정치·경제 전략을 구사하는 것은 당연한 수순이었다. 그 전략은 대략 다섯 가지 측면에서 관찰된다.

첫째, 마르코스는 사회의 모든 부문에 걸쳐 정치 현상을 제거하는 탈정치화를 단행했다. 의회마저 탈정치화의 대상이 되었다. 필리핀 의회는 원래부터 생산적으로 작동하던 기관은 아니었지만, 나름대로 상당한 영향력을 가지고 대통령의 정책들을 방해해왔다. 그러나 이제 의회는 정당과 더불어 형식적인 조직으로 전락했다. 정치인들은 마르코스에 협력하여 정치 자원을 배분받거나, 배제되어 저항할 수밖에 없었다. 민중도 정치적 투입 기능을 못하도록 침묵을 강요당했다. 반면 기술 관료를 중심으로 한 행정부는 제도 정치권의 압력으로부터 어느 정도 해방되어 자율적으로 국가 차원의 개혁과 경제 개발 정책을 수립·집행할 기본 조건을 갖추게 되었지만, 내제된 전통적 제약으로 인해 제 기능을 발휘할 수 없었다. 가장 탈정치화되어야 할 군부는 오히려 체제 유지의 첨병으로서 양적·질적으로 강화되었고, 체제 위기가 심화될수록 더욱 정치화하여 각종 민간 영역에까지 개입하였다.[11] 이런 것들이 결국 체제의 효율성을 훼손하여 변화를 불가피하게 했고, 궁극적으로 민주화를 촉발하는 원인이 되었다.

둘째, 외부 압력에 밀려 채택한 수출 주도 경제 정책을 유지하기보다는 수입 대체 산업 부문과 타협하는 정책을 시도했다. 마르코스 정부는 짐짓 수출 자유 지역을 지정하고 보세 창고를 설립하는 등 개혁의 제스처를 취했지만, 실제로는 수입 대체 산업 부문과 그에 기반한 산업 구조를 존속시켰다. 그리고 저금리의 외채 도입을 경제 정책의 기조로 삼았다. 과도한 외채 유입이 상환 능력을 넘어서면서, 국제 금융 기구는 필리핀 경제에 더욱 깊이 개입하여 수출 주도 산업화를 추진하라는 압력의 강도를 더했다. 결국 수입 대체 산업 부문과의 타협 전략은 경제 상황을 개선하지도 못하고 대외 의존도도 감축하지 못한 채, 수출 주도 산업화를 채근하는 외부 간섭만 가중시킨 셈이었다.

셋째, 마르코스는 형식적으로는 지주 계급 지배 체제를 개혁하여 민중의 불만을 해소하고 국가적 집단 합리성을 확보하기 위한 적극적인 토지 개혁 정책을 표방했다. 하지만 농민들의 이탈과 소요 위기가 증대됨에 따라 실질적인 토지 개혁이 절실해진 순간에도, 지배 연합의 결속에 부정적인 영향을 미칠까봐 제대로 이행하지 못했다. 토지 개혁에 필요한 강력한 국가권력의 확보를 위해 군대와 경찰까지 동원했지만 지주들의 저항을 뛰어넘지도 못했다. 결국 토지 개혁 정책은 농민 문제는 해결하지 못한 채 오히려 지배 엘리트들을 결속시키는 촉매가 되었다.

넷째, 그는 경제 정책의 중앙 기획과 통제 체제를 강화했다. 대표적으로 '국가경제개발청(National Economic and Development Authority, NEDA)'의 조직을 확대하고 기능을 강화했다. 비록 세계은행이 주요 개발 프로그램을 입안하고 재원을 조달했지만, 현지 정부 차원에서는 NEDA의 역할과 권한이 획기적으로 강화되었다. NEDA는 수출 주도를 통한 성장을 개발 정책의 근간으로 삼고 기존의 수입 대체 산업화와 관련된 제도와 기구를 철폐해나갔다. 산업 부문과 농업 부문을 개혁해 악화된 민중의 인심을 되돌리려고 농촌 및 도시 개발 계획도 함께 추진했다. 그러나 대외 부문의 개입이나 전통적인 지배 체제의 구조적 제약으로 인해 그런 시도들은 별다른 결실을 맺지 못했다.

다섯째, 정치적 효과를 노린 산업 고도화 전략을 시도했다. 권위주의 체제의 모순이 본격적으로 가시화되던 1979년 말, 철강, 석유화학, 그리고 동 제련 등 중화학공업 육성 정책이 발표되었다. 이것이 단기적으로 국민들에게 산업화에 대한 환상을 심어주어 불만을 무마하는 효과를 냈을지는 몰라도, 거대 자본을 요구하는 중화학공업 육성 정책은 필리핀의 경제 여건에 부합되지 않는 것으로서 애초부터 실현 가

능성이 거의 없었다.[12]

마르코스가 외부 압력과 전통적인 지배 계급의 선호에 밀려 추진한 수출 주도 산업화 정책은 내재된 모순과 불리한 대외 경제 여건으로 인해 1970년대 말부터 위기를 노정하기 시작했다. 특히 수출 상품 생산에 소요되는 원자재, 중간재 및 자본재 수입에 외환이 너무 많이 필요해져, 별다른 효과도 없이 국제수지 적자만 누적되었다. 수출이 계속 증대했지만 수입은 더욱 빠른 속도로 증대해 무역적자가 가중되던 중에, 잠시나마 무역수지 적자폭이 줄어들었던 것은 수출 증대보다 수입 감소 폭이 컸기 때문이었다. 이는 필리핀 경제가 후퇴하고 있다는 명백한 증거였다. 부족한 외환 확보를 위해 외채를 계속 도입할 수밖에 없던 상황에서, 높아진 국제 금리는 외채 부담의 고통을 가중시켰다. 거기다 엘리트들의 외화 해외 유출 때문에 외채 총액은 더욱 급증했다. 그 종착점은 1983년 10월에 발표된 90일간의 지불 유예 선언이었다. 이에 따라 다시 IMF와 WB 감독하에 관세, 금융 및 외환 관리 제도 개혁에 초점을 둔 구조조정 프로그램이 채택되었다.

다양한 수출 촉진 정책에도 불구하고 국민총생산 대비 수출 비율은 제자리걸음이었다. 환율 인상은 자재와 자본재 가격을 올려, 어려운 여건을 견뎌온 수입 대체 산업 부문의 사정을 더욱 어렵게 했다. 무역 둔화로 관세 수입이 감소하는 마당에 정부는 수출 산업 지원을 위해 거액의 인프라 투자를 지속해야 했고, 따라서 공공 부문의 적자는 증대했다. 중앙정부는 계속 적자 예산을 면치 못했다. 외채와 세금 인상으로 재정 적자를 충당했다. 세금과 공공요금 인상은 민생을 더욱 어렵게 했고, 수출품의 국제 경쟁력을 약화시켰다. 이에 따라 민중의 불만이 가중되고, 정부는 국민 대중은 물론 신사회 체제의 파트너로 참여했던 권위주의 동맹 경제 엘리트의 지지마저 잃은 채 체제 위기에 봉착했다. 국가의 집단적 합리성은 물론 마르코스의 개별적 합리성까지도 심각하게 훼손되고 있었던 것이다.

권위주의 체제의 붕괴 : 민주화[13]

경제 상황의 변화와 정부 정책의 변경은 경제 부문 간, 또는 경제 주체 간 분배 효과를 내고, 이는 필연적으로 경제 문제의 정치화를 초래한다. 마르코스 권위주의 체제하에서 형성된 경제 구조는 각 부문별 다양한 정치적 선택으로 이어졌다. 경제 위기가 심화되면서 부문 간의 이해관계는 첨예한 경쟁과 갈등으로 나타났고, 갈등이 증폭되는 과정에서 권위주의 체제는 위기를 맞아 종국적으로 붕괴했다.

빈약한 체제 수행 능력과 체제 위기

신사회 체제가 출범할 때 가장 강력한 지지자는 '정실 경제 엘리트'—특혜를 받은 일부 자본가와 일부 지주—였다. 외채에 의지하던 국내 대기업들이 세계 불황과 국제 고금리로 인해 곤경에 처했지만, 정부는 계속해서 그들에게 특혜를 줄 수밖에 없었다. 그들이 도산하면 실업자가 양산되어 사회 문제가 심각해질 것이기 때문이었다. 특혜는 금융 지원, 외자 유치를 위한 국제 보증, 수출입품에 대한 차등환율 적용 등이었다. 이에 힘입은 대기업들은 재정 파탄이나 국민 생활 피폐는 아랑곳없이 축재에 몰두하면서 집권 세력에게 정치 자금을 대줬다. 대지주들도 정부의 비호 아래 소작인들과 영세 농민들을 착취했다.

정경 엘리트들 간 유착은 잠깐은 달콤했지만 국가 경제를 왜곡시키고 체제를 민중들로부터 격리하여 결국 체제 위기를 초래했다. 정실 경제 엘리트가 체제와 유착하여 민중을 착취할 때, 지배 연합에서 배제되어 불만을 품고 신자유주의적 효율성과 정실주의 타파를 주장하던 기업인들이 금융 중심지 마카티에서 소위 '마카티 경제인 클럽(Makati Business Club)'을 조직하여 본격적인 체제 도전 세력으로 등장했다.

IMF와 WB는 국가 경제 구조를 자유화하도록 꾸준히 압력을 가했지만 결국 성공하지 못했다. 미 대통령 레이건^{Ronald} ^{Reagan}의 당선으로 필리핀에 적용하는 조건들이 더욱 엄격해져, 필리핀 정부는 국제 기준에 맞게 경제를 운용해야 했다. 보호와 특혜가 끊긴 대기업과 정실 기업들이 집권 세력과 연합하여 외부의 압력에 저항했지만, 이는 그들을 국제 경제 사회로부터 더욱 고립시켰다.

한편, 경제 위기가 가속됨에 따라 가톨릭 교회가 소유하고 있던 산업 및 농업 부문의 이익이 정부의 정실 자본주의적 경제 운용 구조와 충돌하게 되자, 가톨릭 교회는 마르코스와 결별하고 1984년부터 본격적으로 반기를 들었다. 토지 개혁 공약 때문에 마르코스에게 동조했던 농민들도 개혁 실적이 거의 없는 체제를 외면하고 저항 세력으로 돌아섰다.

농민들의 이탈에는 특히 정부가 농촌 문제 해결책으로 권장했던 다수확 품종 벼농사의 실패가 큰 영향을 미쳤다. 이 다수확 품종 벼는 비료와 농약을 많이 투입해야 했는데, 비료·농약 값이 비싸 농민들에게 이익은커녕 큰 손해를 안겼고, 이에 더하여 도시 주민들의 반발을 우려해 채택한 저곡가 정책 탓에 농민들이 추가적인 손실을 입었기 때문이다. 농민들은 정부의 탄압에 밀려 점점 더 공산당과 그들의 군대 '신인민군(NPA)'에 의지하게 되었다. 정부의 농업 정책이 무장 반군의 위협을 심화시킨 셈이었다. 또한 농촌의 피폐에 따라 농민의 도시 이동이 가속됐음에도 제조업이 유입 노동력을 모두 흡수할 정도로 발달하지 못해, 노동자들의 실질임금은 지속적으로 하락했다. 그럴수록 노동자들은 더욱 전투적인 노조 조직에 박차를 가하면서 투쟁의 강도를 높였다.

개별적 합리성 추구에 바탕한 마르코스식 국가적 합리성 추구는 결국 체제 수행 능력(regime performance)을 급락시켜 새로운 전략이 필요해졌다. 마르코스는 개별적 합리성—정권 유지—을 위해서라도 국가의 집단적 합리성을 추구할 수밖에 없었다. 이는 유화 국면의 허용으로 이어졌다.

권위주의 체제의 대응 : 자유화와 민주화

경제·사회 상황이 악화되면서 사회 각 부문의 체제에 대한 저항도 점차 더 격렬해졌다. 체제 위기가 심각해지는 상황에서 병약해진 마르코스의 후계 문제가 대두되었고, 강권 통치를 완화하라는 외부의 압력이 점점 커졌다. 해결책을 모색하던 체제는 결국 유화 국면으로 전환하는 전략을 선택했다. 유화 국면은 지방 선거, 계엄 철폐, 개헌 및 새 헌법에 따른 대통령 선거의 순으로 진행되었다.

1978년에 의회 선거가, 그리고 1980년에 지방 선거가 실시되었다. 유력한 야당 인사들의 출마를 금지하고 선거운동

방식을 제한하는 등 통제 속에서 실시된 선거는 여당의 대
승으로 끝났다. 그럼에도 이 선거는 체제의 정통성을 회복시
키지 못했고, 오히려 야권에게 어느 정도 소득을 안겼다. 선
거에 임박해서 급조된 야당들이 선거운동을 전개하고 부정
행위에 항의하는 과정에서 조직을 정비하고 대중에게 접근
할 기회를 가지게 되었던 것이다.

통치자의 건강 악화로 후계 경쟁이 가열되면서 집권 세력
내의 균열은 점점 커졌고 체제는 한 발 더 후퇴했다. 1981년
1월에 계엄령이 철폐되었다. 정치범도 석방되었다. 이어 같
은 해 4월에는 프랑스식으로 헌법을 개정하고, 6월에는 국
민투표를 통해 새 헌법을 채택했으며, 그에 따라 실시한 대
통령 선거에서 마르코스는 유효표의 88%를 얻어 당선됐다.
한국의 유신 시절 '체육관 선거'를 방불케 하는 선거였다. 그
러나 야당 본류가 불참하고 수도권 유권자의 절반 이상이
기권한 선거를 통해 집권 세력의 정통성을 재정립할 수는
없었다. 이런 '통제하의 정치 정상화' 전략은 오히려 야권을
단결시키는 역효과만 냈다. 마르코스는 더욱 더 측근의 충성
심에만 의지하게 되었고, 측근들은 약화된 대통령으로부터
보다 많은 대가를 뽑아내고 있었다.

좌익 반군은 물론 소외된 민중과 가톨릭 교회까지 점점
더 적극적으로 체제에 도전하는 가운데, 1984년 5월로 예정

되었던 의회 선거일이 점점 다가왔다. 그런데 1983년 8월, 야당을 결속시켜 총선에서 승리하고 마르코스 체제를 종식 시키려 귀국하던 전 상원의원 아키노^{Benigno S. Aquino, Jr.}가 미국 망명에서 돌아오는 길에 공항에서 피살당하는 사건이 일어 났다. 이 사건을 계기로 모든 사회 집단이 마르코스 독재에 항거하며 도처에서 시위를 전개했다. 그 와중에 실시된 총선 에서 온건 야당은 의석의 1/3 정도를 확보했지만, 당장 아무 런 실질적인 변화는 없었다. 이 선거는 마르코스 측에도 도 움이 되지 못하면서 선거 자금을 동원하느라 경제 상태만 악화시켰다.[14] 일련의 유화 정책을 체제 약화의 징후로 판단 한 야당과 민중, 무장 반군들의 반체제 활동은 더욱 활성화 되었다.

계엄 해제, 개헌, 대통령 선거 및 총선거 등의 유화 정책도 붕괴되어 가는 권위주의 체제를 되살리지는 못했다. 마르코 스 체제를 지탱하던 지배 집단 내에 본격적인 균열이 나타 나고, 대립 중이던 동종 집단 간의 갈등은 더욱 악화되기 시 작했다. 생활 수준의 저하, 범죄율의 상승 및 마르코스 측근 의 정계 지배 등을 보고 환멸을 느낀 중산층도 이탈했고, 농 민들은 점점 더 무장 반군에게 동조해가고 있었다. 필리핀의 안보에 지대한 관심을 가진 미국으로부터 강권 통치를 유화 하라는 압력을 받고 있던 마르코스는, 지지자가 더 감소하기 전에 6년의 새 임기를 확보해두자는 계산으로[15] 당초의 법적 선거일보다 앞당겨 1986년 2월에 대통령 선거를 실시했다.

마르코스의 집요한 공작에도 불구하고, 아키노 전 상원의원의 미망인 코라존 아키노Corazon Aquino가 야당들, 마카티 경제인 클럽, 가톨릭 교회 및 민중들은 물론 개혁 군부와 일부 좌파 집단 등 여러 정파를 대표하는 단일 후보로 선출되었다. 이윽고 대통령 선거가 실시되었다. 부정 의혹 속에 여야가 개표 결과를 두고 첨예하게 대립하는 결정적 국면이 도래했다. 이제 개표 결과가 아니라 세력 동원 능력이 당선자를 결정할 판이었다.

아키노 진영은 전국적인 불복종운동을 전개했다. 마르코스 측근 기업을 포함한 각종 기업체들과 방송국들도 보이콧을 전개하고, 노동 단체가 총파업을 계획하는 가운데 가톨릭 교회도 반체제운동에 참여했다. 마르코스는 야당과의 권력 분점안과 계엄 선포라는 '당근과 채찍'을 들고 나왔다. 당초 쿠데타를 계획하고 있던 개혁 군부가 전국적인 대치 상황에서 국방장관 엔릴레Juan Ponce Enrile 및 참모차장 라모스Fidel Ramos 와 더불어 마르코스에게 반기를 들었다. 이들을 진압하기 위해 탱크를 앞세우고 진주하던 친마르코스 부대는 신 추기경(Cardinal Sin)이 동원한 군중들과 대치하게 되었다. 마르코스에게는 더 이상 국가적 집단 합리성을 고려할 여지가 없

▲ 1986년 민중봉기를 통해 필리핀 시민들은 스스로 독재자 마르코스를 몰아냈다.

었고, 오직 '생존'이라는 축소된 개별적 합리성 추구만이 남은 대안이었다. 마르코스는 미국의 압력과 주선에 따라 하와이로 망명했다. 권위주의 체제의 붕괴였다. 그의 퇴진이라는 생물학적 개별적 합리성 추구가 역설적으로 국가의 집단 합리성 추구의 출발점이 되고 말았다. 정치인은 물론, 주로 수입 대체 산업 부문의 이익을 대변하는 기업인, 수출산업주의자, 개혁 군부, 온건 좌파 일부, 지주, 그리고 이념 지향의 운동권 등 거의 모든 사회 세력을 망라하는 '무지개연합(rainbow coalition)'이 새 집권 세력으로 등장했다. 필리핀에서는 이제 어떤 이익이 어떻게 구현될 것이냐를 두고 다시 한 번 체제 내의 충돌과 경쟁이 전개될 수밖에 없는 형편이었다.[16]

맺음말

필리핀의 체제 전환은 민주주의에서 권위주의로 그리고 다시 민주주의로 두 번 일어났는데, 모두 마르코스 집권 중의 일이었다. 이렇게 필리핀의 권위주의 체제는 마르코스 한 사람의 집권 기간 동안에만 존속한 것이어서, 그 안에는 마르코스의 체취가 강하게 묻어 있다.

필리핀에서 사회 구조가 가하는 제약은 매우 견고했다. 그것은 정부가 공동체로서 국가의 일체감을 유지하고 성원의 복리를 증진시키는 '국가의 집단적 합리성'을 추구하기 어렵게 했다. 그런 구조적 제약에서 비롯된 경제난과 정치사회적 위기를 극복해야 국가의 집단적 합리성이 실현 가능해진다. 반면, 이런 경제사회적 위기 극복을 시도하는 것이 오히려 전통적으로 형성된 구조를 강화시켜 그 구조가 가하는 집단적 합리성 실현에 대한 제약을 더욱 견고하게 한다는 역설이 존재했다. 그 가장 큰 이유는 국가의 집단 합리성과 최고 정치 지도자의 개별적 합리성 외에 전통적인 과두 엘리트 그룹의 이익이 존재하여, 삼자 간의 역학 관계에 따라 필리핀의 정치 지평이 결정되기 때문이었다.

필리핀에서 국가의 집단 합리성과 과두 엘리트의 이익 사이에 존재하는 역설을 극복하려면, 과두 엘리트의 사적 이익과 연관이 없는 정치 엘리트가 등장하여 국가적 집단 합리성과 공존할 수 있는 개별적 합리성을 추구하는 것이 필요했다. 그렇지만 마르코스의 출신 성분이나 교육 배경, 그리고 그가 구축한 집권 연합은 마르코스의 개별적 합리성 추구와 국가의 집단적 합리성 실현이 합치될 수 없게 하는 경우가 많았다. 설사 합치한다 하더라도 잠정적으로만 그럴 뿐이었다. 마르코스가 표방했던 국가적 집단 합리성은 항상 개별적 합리성과 합치되는 동안에만, 그리고 그것을 위한 도구로서만 추구되었다.

마르코스의 '부정적-적극적' 리더십은 두 합리성이 합치될 때보다는 충돌할 때 더욱 강력하게 발휘되어 반대 세력을 무자비하게 탄압했다. 두 합리성의 합치는 과두 엘리트와 이해관계가 충돌할 때나 마르코스의 통치력이 한계에 도달할 경우에만 나타났던 현상으로서, 그가 민중의 지지나 묵인(또는 용서)을 통해 정권 유지를 도모하는 형태의 리더십을 택하게 했다. 과두 엘리트에 대항하기 위해 민중의 지지를 동원하여 두 합리성을 동시에 실현시키고자 한 것이 '신사회 체제'의 출범이었다. 그러나 이 체제는 반민주성을 특징으로 하는 것이어서, 두 합리성의 괴리가 노정되는 것은 시간 문제였다.

권위주의 동맹의 주요 지지 세력이었던 테크노크라트가 중립으로 돌아서고 정실 엘리트가 와해되는 국면에서, 과두 엘리트는 마르코스에게 합세하여 그들의 이익을 실현하기보다는 민주 연합 쪽에 합류하는 것을 선택했다. 이에 마르코스는 민주 세력을 향한 유화 국면의 채택으로 개별적 합리성을 추구했다. '부정적-적극적'인 일련의 정치공학으로 민중의 용서를 구했지만, 그들의 지지나 용서가 뒤따르지 않아 모든 것을 포기하는 형태로 나타난 것이 하와이 망명이고 필리핀 민주화의 시작이었다.

▲ 마르코스가 부정 축재한 것을 환수한 재산으로 계엄 체제에 의해 희생된 사람들에게
보상하는 법률을 제정하라는 시위자들. 2012년 3월 9일.

이와 같이 마르코스는 사회 구조의 제약과 민중의 위협에 맞서 자신의 개별적 합리성을 확보하기 위해 국가 차원의 집단적 합리성을 표방했지만, 그에게 국가적 집단 합리성의 추구는 어디까지나 부차적인 것이었다. 다시 체제 위기가 닥쳤을 때, 마르코스는 개별적 합리성만을 위해 제약·위협과 타협하여 식민 지배 시절부터 형성된 필리핀의 경제 사회적 질서—과두 엘리트와 민중 간의 타협할 수 없는 대립과 갈등의 구조—를 견고히 자리 잡게 하는 데 결정적으로 기여했다. 민주화 이후의 정권들도 이 질서를 벗어나지 못하고 있다. 아니 벗어나려는 진지한 시도조차 하지 않고 있다고 해야 할 것이다.

박기덕
전 세종연구소 소장. 미국 시카고대학교에서 (비교)정치학을 전공했고, 최근의 관심 주제는 정치 과정(정당, 선거)과 시민사회 및 대북 정책이다. 저서로 『한국 민주주의의 이론과 실제: 민주화·공고화·안정화』, 『Human Rights in North Korea: Toward a Comprehensive Understanding』(공편저), 『한국의 국가전략 2020: 정치·사회』(편저), 『민주주의와 정치 제도: 체제 수행 능력을 중심으로』 등이 있으며, 논문으로는 「한국 다문화사회화의 현황과 문제점 및 대응 방안」, 「대북한 인도적 지원에 대한 INGO의 참여 모델: 식량 분배 모니터링을 중심으로」, 「Political Parties and Democratic Consolidation in Korea」 및 「필리핀 정당 체제의 변화와 정당 정치의 문제점: 사회 구조와 정치 행태를 중심으로」 등이 있다.

부시

극단의 시대가 낳은 공포정치

"나는 부시 팀의 외교 정책이 마음에 들지 않는다. 하지만 미국의
억제력을 복원하려는 의지나 적에 못지않은 광기만큼은 옳다고
생각한다."

—토마스 프리드만

오늘날 부시George W. Bush 전 대통령은 선과 악의 이분법에 근거한 시대착오적인 극단적 도덕주의와 당파성 정치의 상징으로 간주되고 있다. 이는 2008년에 국가 통합과 국제 관계 개선을 내세운 오바마Barack Obama 대통령을 당선시킨 핵심 동인으로 작용하기도 했다. 하지만 오바마 민주당 대통령의 임기 동안 실업율의 급격한 완화와 경제 회복의 본격적 가능성이 보이지 않자, 공화당은 주지사 시절의 실용주의적 기질과 초당적 협업 능력을 내세운 미트 롬니Mitt Romney 후보로 정권을 교체하고자 시도했다.

　이런 시도는 처음이 아니었다. 공화당은 2008년에도 실용주의적 통합의 정치를 주장하는 존 멕케인John McCain 상원의원을 대선 후보로 내세웠던 적이 있었다. 겉으로 드러나는 후보의 기질로만 보면, 멕케인에서 롬니로 이어지는 공화당 대선 후보 선출은 조지 부시로 상징되는 도덕주의와 당파성의 정치가 이제 공화당 내에서도 힘을 잃은 것처럼 보이는 착시를 일으킨다.

　그렇다면 부시의 시대는 어떻게 정의될 수 있을까? 9·11 테러 발생으로 인한 일시적 신경발작증, 혹은 시대착오적 '네오콘(Neoconservative, 신보수주의자)' 진영의 득세로 인한 예외적 반동기? 하지만 흥미로운 것은, 지금의 고착화된 이미지와 달리 원래 부시 대통령은 롬니 후보처럼 실용주의와 초당적 협업을 핵심 특성으로 내세워 당선되었다는 사실이다. 이는 단지 선거 캠페인의 레토릭이 아니라 텍사스 주지사 시절 그가 보여주었던 실용주의적 특성에 근거한 방향이었음을 주목할 필요가 있다.

이해하기 힘든 퍼즐

부시의 초당적 실용주의는 실제로 당선 이후 그가 큰 애착을 보였던 교육 정책에 그대로 드러난다. 일부 주에서 공립학교의 상위 10%를 무조건 명문 대학으로 진학시키는 정책이나 아동 낙오 방지법(No Child Left Behind Law) 법안은 민주당 진영을 당황시킬 정도로 초당적 스펙트럼을 지니고 있었다. 사실 오바마 정부도 자신들의 교육 정책이 부시 시대에 긍정적으로 근거한다고 밝힌 바 있다.

바로 여기에서 하나의 이해하기 힘든 퍼즐이 생겨난다. '실용주의 주지사 출신인 부시 대통령은 왜 극단적 도덕주의와 당파성의 정치로 변모했는가'라는 퍼즐이다. 대표적으로, 그의 '예방적 선제공격' 독트린은 과거 미·소가 극단적인 냉전으로 대립하던 시절 초기 네오콘(신보수주의 1세대)들이 주장했던 소련에 대한 예방적 선제공격의 연장선상에 있는 것으로, 역대 어느 정부보다 강경한 극단적 노선이었다.[01]

그의 극단주의는 비단 국제 관계에 국한되지 않았다. 그는 국내 정책에서도 극단적인 정책을 추구했다. 예를 들어, 뿌리 깊은 전통인 필리버스터Filibuster(의회 내 합법적 의사 진행 방해 전술)의 폐지, 사회연금보험(Social Security)의 급진적 민영화 등이다. 이는 역대 어느 강경 보수 대통령도 쉽사리 시도하지 못했던 일이었다. 미국에서 이제는 사라진 줄 알았던 예방적 선제공격 독트린이, 도대체 왜 실용주의자로 유명했던 부시 시절에 부활했을까? 더구나 부시 대통령이 등장한 것은 안토니오 네그리Antonio Negri 등 일부 학자들이 '미국의 패권주의 시대는 막을 내리고 전 지구적 네트워크 협력의 시대가 열렸다'고 공공연히 주장하여 상당한 공감을 얻고 있던 시점이었다.[02]

그에 대한 대답은 크게 세 가지 측면에서 나왔다. 첫째는 '미국은 원래 그런 나라'라는 역사적 설명이었다. 두 번째는 너무나 충격적이었던 9·11테러가 가져온 신경발작증이라는 심리적 트라우마에 대한 설명이었다. 마지막 세 번째는 두 번째 설명의 연장선상에서 9·11테러를 정치적으로 활용한 신보수주의 계파의 정부 조직 내 득세 때문이라는 조직론적 설명이었다.

첫 번째 방식의 설명은 제레미 리프킨Jeremy Rifkin의 『유러피
안 드림』(민음사, 2005)이 대표적이다. 그는 미국 시민 다수의
세계관을 유럽인과 비교하며, 미국을 선과 악의 도덕주의적
이분법이 강한 근대적 국가로 규정했다. 리프킨에 따르면,
부시의 극단적 정치관은 언제나 그랬듯이 대중적 토대를 가
진 자연스러운 귀결이며 일탈로 구분할 필요가 없다.

하지만 리프킨의 설명은 왜 부시 시절이 유독 그랬는가에
대해 답해주지 못한다. 따라서 부시 시절의 독특성을 설명
할 수 있는 가장 강력한 논거는 9·11테러의 트라우마나 이
를 활용한 네오콘의 부상을 제시한 두 번째와 세 번째 설명
일 것이다. 9·11테러는 미국을 국내적으로는 안보 국가, 국
제적으로는 군사주의적 패권 국가로 변모시켰다는 것이 그
들의 주장이다.

슬라보예 지젝Slavoj Zizek은 이라크 침공 등 네오콘의 강경
군사주의는 미국 군수 산업의 전략적 이익 추구라는 협소
한 이익 정치 시각을 넘어 9·11테러의 충격에 의한 신경발
작증이었다고 규정한다.[03] 이 설명은 마치 서울시장 시절 실
용주의자로 유명했던 이명박 후보가 대통령이 된 뒤 광우병
촛불 사태에 직면하고 나서 극단적 당파성의 정치로 변모했
다는 한국 정치 일각의 설명과도 유사한 접근법이다. 세 번

▼ 2001년 9월 11일, 테러리스트들이 항공기 납치 자살 테러를 감행하여 월드트레이드센터가 있는 뉴욕의 쌍둥이빌딩과 워싱턴의 미 국 방부 펜타곤을 공격했다. 대규모 민간인 희생을 빚은 참사였다.

째 설명은 이 심리적 트라우마를 활용하여 냉전 시절의 힘을 되찾은 네오콘 분파의 득세를 강조하고 있다.

9·11테러에 초점을 맞춘 두 번째와 세 번째 설명은, 주로 부시 행정부의 국제 노선이 보여준 패권주의를 심리학적으로나 분파동학적으로 이해하는 데 큰 도움을 준다. 하지만 부시 행정부의 국내 노선 전반에 흐르는 극단적 당파성의 정치를 국제 노선과 함께 통합적으로 설명하지는 못한다. 더구나 국제 노선에 대해서도 이 설명만으로 전체 흐름을 이해하기에는 일정한 한계가 있는 것이 사실이다.

예를 들어, 뒤에서 자세히 보겠지만 예방적 선제공격 독트린과 네오콘의 부상은 부시 시절이 아니라 이미 클린턴Bill Clinton 행정부 시절부터 본격화되기 시작했다.[04] 그리고 언론은 부시의 모든 정책 결정의 배후에 네오콘이 있었던 것처럼 그들의 영향력을 과장했지만, 사실 부시 행정부 내에는 네오콘만이 아니라 럼스펠드Donald Rumsfeld 국방장관, 딕 체니Dick Cheney 부통령, 콘돌리자 라이스Condoleezza Rice 국가안보보좌관 등, 네오콘과 연합하긴 했지만 다른 기질을 지닌 정치 진영도 강력한 영향력을 가진 채 공존하고 있었다.

그러므로 부시 행정부의 극단주의 정치는 단지 9·11 트라우마나 미국 문화에 대한 일반론적 설명을 넘어, 그 이전의 정치 질서와의 연관 속에서 설명되어야 한다. 즉, 부시 행정부의 극단적 노선의 가능성은 이전 클린턴 정부의 정치 질서 속에 이미 내재되어 있었으며, 그 흐름은 클린턴 정부 노선의 국내외적 불안정성, 양극화에 대한 정치적 반동으로서 나타났다는 것이다. 이 반동을 성공적으로 만든 핵심 요인은, 국내외적 불안을 적절하게 정치적 양극화 전략으로 활용한 보수 진영의 '공포의 정치학'이었다. 반면, 합리적 정책 대결에 경도된 민주당 진영은 이런 정치적 양극화 전략에 대응하는 데 무능했고, 이는 8년간 공화당의 안정적 집권을 가능하게 해주었다.

'클린턴' 시대가 품은 '부시'의 가능성

'네트워크 제국'의 한계

네그리와 하트Michael Hardt는 『제국』(이학사, 2001)이라는 저서에서 클린턴 시대를 '부드러운 지도력을 발휘하는 네트워크적 제국의 시대'로 규정했다.[05] 하지만 그는 이 야심찬 규정 직후에 곧 등장한 부시의 시대라는 곤혹스러운 상황을 맞이해야 했다. 이렇게 망신스러운 상황에 처한 그들은, 패권적 방식의 부시 시대는 제국의 시대로부터의 일시적 일탈이며, 다국적 기업들의 반발로 인해 필연적으로 다시 제국으로 선회

할 것이라고 주장했다.

　과거 조야한 마르크스주의와 오래 전 결별한 그들이었지만, '제국으로의 필연적 이행'이라는 분석은 결정론적 편린을 보여준다. 그들이 분명히 이해하지 못한 것은, 클린턴 시대는 지구적 제국을 주도하기에는 너무 많은 한계와 동요로 점철된 시기였다는 점이다. 그리고 수많은 역풍을 양산한 시장근본주의적 통합은 결코 지구적 제국의 작동 원리가 되기 어렵다는 것을 클린턴 시대는 잘 보여준다. 부시 시대는 네그리가 본 것처럼 우연한 일탈이나 예외가 아니라 클린턴 시대 불안정성의 필연적 징후라고 할 수 있다.[06]

　사실 클린턴 시대의 정치 질서가 기반했던 정치 연합 자체가 다양한 세력 간의 제휴였다.[07] 흔히 알려진 것처럼 클린턴 노선은 단지 민주주의 리더십 센터(DLC)의 신자유주의적 중도 이념과 중산층 여피 중심의 정치 양식만을 대변하지 않았다. 클린턴의 모호한 노선 안에는 민주당 내 노동·흑인 등 이익 집단과 로버트 라이시Robert Reich 등 진보적 자유주의 중산층, 그리고 중하층 소비 진작에 기반한 상향식 경제 어젠다 및 진보적 포퓰리즘이 긴장 속에서 공존하고 있었다. 이들의 노선은 '서민 우선주의(Putting People First)'라는 구호로 집약되는데, 분배를 통한 성장과 정치 참여를 더 강조한다. 클린턴의 내부 측근들 중 라이시 교수, 스탠리 그린버그 여론조사가 등은 이런 경향을 대변하며 클린턴 정부 초기의 공식·비공식 라인을 통해 영향력을 행사했다.[08] 이러한 내부 긴장은 마치 오늘날 오바마 대통령이 '케네디 진보주의의 부활'이라는 모호한 기치 아래 통합과 실용이라는 중도적 성격과 진보적 포퓰리즘의 어젠다를 동시에 수용하고 있는 것과도 유사하다. 그런 점에서 클린턴은 '통합과 변화'의 메시지를 장악하고 경제 위기에 대한 공화당의 무능한 대처를 기회로 집권에 성공했던 '90년대의 오바마'라고 할 수 있다.

클린턴, 보수 시대 진보 정부의 운명

하지만 이렇게 다양한 스펙트럼에 기초하여 당선된 클린턴은 작은정부론, 균형재정론 등 보수적 담론이 우세한 정치 지형 속에서 점차 진보적 분파보다 중도적 분파에 강하게 기울어지는 정치 노선을 추구하게 되었다. 그런 점에서 클린턴 시대는, 넓게 보면 레이건 보수주의 시대부터 이어지는 보수적 담론의 자장 안에서 작동한 '보수 시대의 진보 정부'라 할 수 있다.

클린턴은 선거 캠페인 기간 동안에는 자신의 진보적 지지층을 고려하여 로스 페로Ross Perot 중도 후보의 균형예산 노선과 다소 거리를 두었지만, 당선 이후 노선을 변경했다. 당시 균형예산은 CEO 대통령론, 정치 무능 타파론을 내걸고 워싱턴의 낭비를 줄이겠다고 공약한 백만장자 포퓰리스트 로스 페로의 트레이드 마크였다.

하지만 클린턴은 선거 기간과 달리 집권 이후 자유주의 좌파들의 아래로부터의 상향식 경제 노선 대신 연방준비제도이사회(Federal Reserve Board, FRB) 의장 그린스펀Alan Greenspan이나 루빈Robert Rubin 재무장관의 강력한 권유를 수용하면서 철저한 균형예산론자로 변신했다. 극심한 경기 불황 속에서 집권한 클린턴은, 미국 경제의 회복을 위해서는 균형예산을 통해 금리를 낮추고 경기를 부활시키겠다는 신호를 월가에 보내는 것이 진보적 성장 노선보다 중요하다고 믿게 되었다. 이는 곧 자기 지지 기반의 일부인 진보적 자유주의자들의 케인즈주의적 경기 부양 기조와 거리를 두게 되었다는 의미였다.

클린턴의 이런 결정에 따라 로버트 라이시 노동부장관 등은 이후 백악관 권력 투쟁에서 완전히 밀려났고, 루빈은 거의 클린턴 대통령의 파트너 수준으로 국정을 주도적으로 운영하게 되었다. 결국 백악관 내에서 사실상 '경제 대통령'과 같은 지위를 누린 루빈의 주도로 금융자본주의를 가속화하는 조치들이 신속하게 집행되었다.[09]

루빈 재무장관은 1980년대 후반부터 미국 금융자본주의를 선도하고 그 수혜를 받은 상징적 기업이었던 시티 그룹에서 9년간 일하며 금융자본주의 모델을 현장에서 실천한 인물이었다. 오늘날 시티 그룹은 위험 투자로 인한 부실 경영의 주범으로 낙인찍혔지만, 당시 기준으로는 혁신의 최첨단 선구자였다. 루빈은 그 혁신의 선구자일 뿐 아니라, 금융자본주의의 수혜자인 '수퍼 리치'의 상징이기도 했다. 사실 2000년대 초반 기업 CEO의 연봉은 평균 900만 달러를 상회하여, 정규직 노동자의 367배에 달했다. 이는 1930년대의 40배 차이와 크게 비교되는 격차이다. 그런 루빈에게 재무장관으로 백악관에 합류하는 것은 일종의 '공직 봉사' 영역이었다. 그는 연봉을 포기하고 자신의 전용 비행기로 출퇴근하면서 클린턴에게 금융자본주의 모델을 가르치는 데 집중했다.

당시 루빈의 대표적 업적 중 하나는 뉴딜 자유주의 시대에 대공황기의 투기적 위험을 방지하기 위해 만들어진 투자/상업은행 장벽을 금융자본주의 경쟁력의 논리로 철폐한 것이었다. 또한 루빈은 파생상품의 투명성 및 규제 강화 조치 등을 무력화시키며 금융자본주의의 황금기를 만들어가고자 했다.

클린턴 시대의 규제 완화는 비단 금융뿐만 아니라 사회 전 분야에 걸쳐 진행되었다. 예를 들어, 1996년 당시 연방통신위원회(Federal Communications Commission, FCC)는 언론사 소유 제한 규제를 풀어주는 텔레커뮤니케이션법을 제정했다. 이는 언론 재벌 루퍼드 머독Rupert Murdoch의 뉴스 코포레이션 등 거대 자본력을 지닌 6개의 미디어 그룹이 언론 시장의 90%를 장악하는 현상을 만들어냈다.[10]

클린턴은 이렇게 시장주의의 전면 확산을 통해 미국 경제의 경쟁력 강화를 꾀하면서 동시에 사회적으로도 효율성과 안정성을 추구했다. 그는 선거에서 흑인층의 강력한 지지를 받아 당선되었지만, 막상 클린턴 정부의 시각은 흑인을 비생산적 복지 수혜층이자 법과 질서를 위협하는 범죄 양산층으로 바라보는 보수의 전통적 시각과 크게 다르지 않았다. 그는 흑인들 일부로부터 '최초의 흑인 대통령'이라 불릴 정도로 흑인 커뮤니티와 정서적 일체감을 유지하면서도, 집권 기간 동안 공허한 '인종 대화' 제스처 외에 실제적인 정책 면에서 아무것도 한 게 없다는 냉소적인 비판을 받아야 했다.

클린턴 행정부가 보수 시대의 자장을 벗어나지 않았다는 평가는 '법과 질서' 담론에 대한 인식 및 대처에도 그대로 적용된다. 그는 자신의 지지 기반인 민권주의자들의 눈치를 보면서 조심스런 행보를 취하긴 했지만, '법과 질서를 무시하고 이를 남용하는 자유주의자'라는 이미지의 덫에 빠지지 않기 위해 모든 노력을 다했다. 전체적으로 그는 '범죄와의 전쟁', '처벌' 등 보수주의자들의 패러다임에 대비하여 '교화', '경제적 지원' 등 자유주의자들의 패러다임을 적극 펼치기보다는, 오히려 전자의 자장을 크게 벗어나지 않으려 했다. 특히 월드트레이드센터 폭파 사건, 오클라호마 연방청사 테러 사건 등 국내외적 테러리스트들의 암약이 증가하자, 절차적 민주주의보다 실제적 검거에 조금씩 더 비중을 두기 시작했다. 클린턴 행정부는 21세기 국제 테러리즘의 심각한 위협을 점차 인식해나가면서, 인수위 업무 인계 당시 이를 대수롭지 않게 생각했던 부시 행정부에게 이 점을 강조하기도 했다. 클린턴 행정부의 '삼진 아웃' 정책(세 번째 범죄일 경우 처벌의 수위를 높임)이나 경범죄 검거 확대로 중범죄를 미리 적발하는 정책들은 이후 부시 행정부의 강경한 노선으로 이어졌다.[11] 사실 통계적으로 보면 1990년대 동안 범죄율은 전통적 보수주의자들이 도덕적 가치 회복이 절박하다고 부르짖는 것과 무관하게 하락 추세에 있었지만, 수감자 수는 오히려 증가했다. 클린턴의 처벌 패러다임과 범죄와의 전쟁이 이런 추세에 기여했다고 볼 수 있을 것이다.[12]

전반적으로 시장주의에 치우친 클린턴의 중도주의적 국내 노선은 선명한 명암을 드러냈다. 균형예산, 금융 자유화 등의 성과로 연방 예산은 30년 만에 흑자로 전환되었고, 강한 달러 정책으로 인해 미국으로의 자본 유입이 가속화되어 주식시장 폭발 등 소위 '신경제 황금기'가 도래했다. 이는 균형예산 노선에 비판적이던 진보적 자유주의 진영을 곤혹스럽게 했으며, 그들 중 일부는 클린턴의 성과를 적극 인정하게 되었다. 예컨대 폴 크루그먼Paul Krugman 같은 진보적 자유주의자도 당시의 균형예산 노선이 적절했다고 인정했다.[13]

하지만 금융자본주의 가속화의 폐단이 나타나기 시작하면서 클린턴 정부의 어두운 그림자도 분명히 드러나기 시작했다. 신경제는 한때 IT 산업의 생산성 증가 효과, 금융시장의 혁신 등을 만들어내며 새로운 축적 구조로까지 평가받았지만, 오늘날 신경제의 거품과 신자유주의 한계가 선명히 드러나면서 비판적 경제학자들의 평가가 더 힘을 얻고 있다. 그들은 당시의 노동생산성 증가는 주로 노동 시간 증가에 기인했으며, 주식시장 팽창도 거품을 야기했다고 비판한다. 그리고 신경제는 사실 기업의 이윤율 증가가 아닌 주식 가치의 폭발적 증가에 불과하다고 가치를 평가절하하고 있다.

아리기Giovanni Arrighi 등 진보적 세계체제론자들은 레이건, 클린턴 시대가 겉으로는 미국의 황금기처럼 보였지만 속으로는 전체 시스템의 타락과 부패를 낳는 왜곡의 과정이었다고 비판한다. 예를 들어, 레이건 시대 이후 미국 기업들은 새로운 투자를 하기보다는 기업 시장가치를 늘리려고 자사주를 매입한 뒤 다시 매각하는 방식으로 주당 가치를 증가시키는 패턴을 반복해왔다. 진보적 학자들은 이를 두고, 과거 네덜란드나 영국 등 헤게모니 국가들이 보여준─제조업에서 금융자본주의로의—퇴조의 패턴이 미국에서도 본격화되었다고 비판적으로 진단한다. 한편 소비자들은 주식 호황 속에서 거품의 자산 가치와 신용카드에 의존하는 과소비 패턴에 중독되었다. 부시 행정부 시절 심각한 문제가 된 서브 프라임 모기지 이슈는 이미 클린턴 시절 그 폭발의 뇌관을 장착하고 있었다. 왜냐하면 클린턴 행정부의 핵심 노선이 바로 저소득층을 위한 주택 분야에서 리스크를 감수하더라도 강력한 대출 확대 정책을 추진하는 것이었기 때문이다.[14]

지구적 통합의 꿈이 가진 그림자

클린턴 시대에는 국내 문제뿐만 아니라 국제 문제에 대해서도 신자유주의 노선에 대한 무한한 낙관이 지배적이었다. 지구적 '통합(Integration)'에 대한 낙관적 희망이 팽배해 있었다. 비유하자면, 클린턴 시대는 토마스 프리드먼Thomas L. Friedman의 베스트셀러 『세계는 평평하다』(창해, 2006)의 시기라고도 할 수 있다. 프리드먼은 이 책에서 시장 등의 혁신적 힘에 의해 모든 격차가 사라진 평평한 지구에 대한 유토피아적 희망을 설파했다. 클린턴도 마치 프리드먼주의자처럼 미국식 시장주의의 기조 아래 통합된 지구촌을 위한 지구적 개입(engagement) 노선을 점차 강화했다. 그는 이런 통합을 통해서만이 미국과 전 지구가 탈냉전 이후 안정적인 시스템을 가질 수 있을 거라고 판단했다. 때문에 그는 과거 레이건 시기 싹트기 시작했던 북미자유무역협정을 민주당 의원들의 거센 반대에도 불구하고 공화당과의 대연정을 통해 비준했다. 클린턴의 이런 노선은 장기적으로 노동 등 진보적 기반의 지지세를 약화시켰고, 이후 네이더Ralph Nader 등 보다 진보적인 이념을 견지한 도전자의 힘을 강화해주었다. 사실 클린턴 노선의 계승자인 고어 대통령 후보는 2000년 대선에서 자동차 노조 등의 미온적인 지지 때문에 부시와의 경쟁에서 고전하기도 했다.

클린턴 시기는 또한 유럽과의 긴밀한 공조 끝에 이루어낸 WTO 체제를 통해 전 세계를 열린 시장 체제로 만들어 무한 경쟁을 가속화한 시기이기도 하다. 그리고 그는 브래디 플랜Brady Plan을 통해 IMF의 위상을 강화(채무국 외채 원리금 삭감 등)하고, 워싱턴 컨센서스Washington Consensus에 근거하여 신자유주의적 구조조정 권고안으로 전 지구적 개입을 시도했다. 현재 오바마 정부의 재무장관인 가이스너Timothy Geithner 역시 루빈 사단 출신으로서, 클린턴 집권 당시 한국·멕시코 등에 대한 파산 조치 견해에 맞서 구제금융을 권고하고 이후 구조조정 실무를 지휘한 인물이다.

클린턴 시대 지구적 통합운동의 과정은 어떤 면에서 미국 국내의 공동체주의 노선과도 닮아 있었다. 에치오니Amitai

Etzioni가 주도한 국내 공동체주의는 클린턴 시기의 핵심 노선인 시장주의 정책의 근본을 털끝 하나 건드리지 않은 채, 단지 전국적 봉사 조직이나 자유주의적 가족의 가치 어젠다 등으로 사회적 불안정성을 보완하고자 했다.[15] 마찬가지로 클린턴의 지구적 통합 노선도 시장주의적 틀에 대한 어떤 도전도 허락하지 않았다. 실제로 미국의 헤게모니가 관철되는 IMF 등의 기관은 주요한 경제 결정들을 신자유주의 정치 이념에 근거하여 단행했다. 반면 사피르Jacques Sapir가 지적하듯이 세계보건기구, 유네스코, 유엔 무역개발회의 등 유엔 산하 기구들은 주요 의제들에 대한 의사 결정에서 소외되었다.[16]

시장주의와 뒤늦은 군사주의적 개입 노선의 결합에 의한 지구적 통합 노선은, 미국에게 전략적으로 중요한 지역들에서 역풍을 불러일으킨 경우가 많았다. 예를 들어 러시아, 중부 유럽, 남미 등지에서 클린턴 정부의 신자유주의적 경제 이식 중심의 미국화 노선은 의도와 달리 수많은 역풍을 양산했다. 클린턴 정부는 고어나 탈보트Strobe Talbott 등의 주도로 러시아와 나토의 건설적 협력을 구축하는 데는 성공했지만, 러시아에 급진적인 시장주의를 이식하고자 했던 시도는 자유민주주의의 법적·정치적 인프라가 부재한 환경에서 시장주의가 아닌 노멘클라투라nomenklatura들에 의한 약탈적 자본주의로 귀결되었고, 결국 소수의 재벌 총수마저 국가 통제에 복종시키는 국가자본주의 체제로 귀결되었다. 그리고 미국이 주도한 IMF 위기 구조조정이나 우크라이나에 대한 지원은 러시아의 민족주의 감정을 한층 더 강화시켰다.

중부 유럽에서도 역풍이 불었다. 에이미 추아Amy Chua의 지적처럼, 냉전 이후 시장주의 확산이 기존 특권층과 결합하면서 이를 악용하는 밀로세비치Slobodan Milosevic 같은 참주 선동가가 등장했다.[17] 이후 미국은 그의 인종 학살 정책에 대해 리차드 홀브루크Richard Holbrooke, 크리스토퍼 힐Christopher R. Hill 등의 주도로 뒤늦게 군사 개입을 시도했지만, 세르비아계나 알바니아계의 잔혹한 상호 살상 행위에 대한 미국과 나토의 개입은 큰 성과를 내지 못했다.

흥미로운 것은, 이런 때늦은 무능한 대응에 분노했던 사만다 파워Samantha Power 등 인도적 개입주의자들이 이후 오바마의 핵심 지지자가 되어 그를 통한 미국의 지구적 지도력 강화를 추구했다는 사실이다. 그녀의 문제의식은 당시 개입주의의 적극 옹호자였고 오바마의 중동 특사이기도 했던 리차드 홀브루크 전 대사에게 수렴된다. 반면 당시 미국의 개입을 지나친 제국적 개입으로 보았던 좌파들은 오바마의 당선을 통해 미국의 자제를 기대하기도 했다. 즉 그들은 서로 반대의 꿈을 오바마에게 투사한 것이다.

남미는 어땠을까? 미국식 시장주의를 숭배하는 소위 '시카고 보이즈'(미국에서 시장주의 경제학을 배워 간 남미 엘리트들)의 신자유주의 정책 확산으로 사회적 양극화가 심화되자, 이는 오히려 역으로 차베스Hugo Chávez 등 좌파 민족주의자들의 부활을 촉진시켰다. 남미에서는 클린턴 이후 부시 행정부 기간 동안 미국의 패권적 노선이 더욱 가속화되면서, 냉전은 이미 종료되었음에도 마치 과거 러시아와 쿠바의 방어적 미사일 협력처럼 제2의 러시아-남미 방어적 협력이 가시화되기도 했다.

'필수불가결의 국가'

외교 안보 전략은 어떠했을까. '아버지' 부시(조지 H. W.) 행정부는 베를린 장벽 붕괴 이후 브렌트 스코우크로프트Brent Scowcroft 국가안보보좌관의 주도로 러시아 중심의 현실주의적 안정화를 꾀한 바 있었다. 그런데 클린턴 행정부는 '아버지' 부시 이후의 새로운 대전략을 수립하지 못한 채, 이상주의적 개입주의와 국익 중심의 현실주의 사이에서 부단히 동요했다. 클린턴은 취임 직후 아이티 사태에서 이상주의의 한계를 절감했으며, 반대로 소말리아에서는 사상자 발생으로 개입주의의 좌절감을 경험했다. 이는 나중에 르완다의 재난에 대한 개입을 방기하는 무기력으로 나타났다. 이후 클린턴 행정부는 보스니아와 코소보에서 유럽연합 등의 무기력 및 비겁

함과 대비되는 미국의 일방주의적 군사 개입주의의 효과가 먹혀들면서, 지구적 질서에 대한 주도적 개입의 자신감을 서서히 회복할 수 있었다. 이 군사 작전 외중에 사용된 '충격과 공포(shock and awe)' 전략은 당시 민간인과 전투원 구분 폐지로 국제법 준수 여부의 논란을 불러일으켰지만, 클린턴의 뒤를 이은 부시 행정부 시기에 더욱 전면화되었다. 그 와중에 클린턴과 울브라이트Madeleine Albright 국무장관은 미국의 예외주의를 표현하는 '필수불가결의 국가', '미래를 앞서 내다보는 국가' 등의 레토릭으로 스스로를 규정하는 등, 새로운 지도력에 대한 자신감을 한껏 내비쳤다. 이는 흡사 영화 〈마이너리티 리포트〉에서 기술적 진보에 대한 확신과 예방적 개입에의 오만한 자신감을 피력하던 정부 관리의 모습과 겹쳐 보인다. 그런 점을 감안할 때, 흔히 이야기되는 것과 달리 '예방적 독트린'의 시대는 야단스럽게 '선제공격'을 외쳐댄 부시보다 앞서 이미 클린턴 시대에 시작되었다고 보는 편이 진실에 가깝다.[18]

2000년 대선에서 부시와 대결했던 고어는 클린턴 노선을 계승한 '전진적 개입 외교(forward engagement diplomacy)'를 표방했다. 이는 이후 출현할 부시의 선제공격 독트린을 미리 보여주었다는 의미에서 흥미롭다. 고어의 전진적 개입 외교 노선은, 클린턴 행정부가 보스니아, 코소보에 뒤늦게 개입하면서 경험한 비효율성을 반성하며 도출된 것이었다. 그것은 다차 원적인 예방 외교를 통해 위기의 불씨가 형성되기 전에 미리 효율적으로 해결하고자 하는 야심찬 비전이었다.[19] 당시 선거전 동안에는 그 의미가 중요하게 다뤄지지 못한 채 하나의 레토릭으로만 인식되었지만, 이 문제의식은 오늘날 '소프트 파워'(설득과 유인)와 '하드 파워'(강압과 응징)의 효과적 결합인 '스마트 파워'의 고민과 맥락을 같이한다. 클린턴 시대는 외면적으로는 부시 시대와 달리 소프트 파워와 하드 파워를 결합시켰던 것처럼 보이지만, 그 실상은 좌충우돌과 모순 속에서의 결합에 불과했다.

고어의 '전진적 개입 외교' 노선이 자유주의적 진화라면, 미국의 동요와 취약함에 대한 불안감은 탈냉전 이후 사라진 줄 알았던 네오콘들을 기이한 형태로 진화시켰다. 클린턴 집권 기간 동안, 체니 전 국방장관 등 강경 패권주의자들과 그들이 후원하는 울포위츠Paul Wolfowitz 교수 등 신보수주의자(네오콘)들은, 미국 안보의 취약성과 중국의 부상에 대한 불안감 속에서 20세기 강경 보수의 패권적 대전략에 대한 고민을 숙성시켜나갔다. 그들은 과거 베트남 전쟁에서의 패배는 자유주의자들의 점진주의적이고 유약한 외교 때문이었다고 파악하고, 미국의 허약함을 대담하게 반전시키지 못한 '아버지' 부시나 클린턴의 미온적 개입주의를 강하게 비판했다. 그들이 추구한 것은 강경한 군사 대응을 통해 전 지구적으로 미국의 패권을 재확인하는 것이었다. 클린턴 집권기인 1998년에 이미 럼스펠드 전 국방장관이 의회에 제출했던 보고서에서 그들의 극단적인 불안감을 분명히 확인할 수 있다.[20] 그들의 프로젝트는 이후 그들에게 호의적인 '아들' 부시의 집권과 9·11테러라는 누구도 예상하지 못한 결정적 전기를 맞이하여 단지 도상 계획이 아닌 실제적 정책 어젠다로 구체화되기도 했다. 이들의 예방적 안보 독트린은 피상적 외양만 보면 고어의 전진적 개입과 유사하게 보일지도 모른다. 실제로 윌리암 크리스톨William Kristol 등은 네오콘의 노선과 클린턴-고어의 노선 사이 연속성을 강조하기도 한다. 하지만 네오콘의 예방적 노선을 과거 냉전 시절 소련을 선제공격하고자 했던 네오콘의 낡고 비틀린 이념의 21세기적 재현이라고 본다면, 고어 등의 예방적 문제의식은 냉전 이후 자유주의 외교 노선의 21세기적 진화라고 평가할 수 있다.[21]

부시의 극단적 보수주의로의 이행

'문명의 적 클린턴'

클린턴 시대를 이해하는 키워드가 국내외적인 '낙관적 통합에의 꿈'이라면, 부시 시대를 이해하기 위해서는 클린턴 시대부터 서서히 자라기 시작한 국내외적 불안감과 이에 근거한 이념적 당파성의 정치를 살펴봐야 한다.

부시 시대의 극단적 당파성의 정치를 이해하기 위하여, 그 이전 클린턴 시대 클린턴의 당선이 당시 보수주의 진영에게 무엇을 의미했는지 먼저 살펴보자. 당시 공화당 보수 진영은 정권 상실을 넘어 68년 이래 자신들이 주류에서 퇴장시켰다고 생각한 부정적 의미의 '자유주의자'의 재등장에 대해 큰 위기감을 느꼈다. 비록 클린턴은 과거 뉴딜 자유주의와 달리 신자유주의적 중도주의자였지만, 극단적 보수 이념에 기초한 이들에게는 매우 위험한 자유주의자로 보였다.

사실 공화당의 개혁 보수 대통령인 테오도르 루즈벨트 Theodore Roosevelt조차 좌파 대통령이라 비판하는 깅그리치Newt Gingrich, 노스퀴스트Grover Northquist 등 공화당 주류 핵심의 관점에서 보면, 클린턴의 집권은 좌파의 부활이라 평할 수 있다. 그들에게 클린턴은 부자들에 대한 세금 강화를 옹호하는 포퓰리스트, 베트남 전쟁 징병을 기피한 비애국자, 수많은 스캔들로 전통적 가치를 훼손한 성적 방종자, 최초의 흑인 대통령 칭호를 가진 소수인종의 대변인으로 인식되었다. 그런 점에서 깅그리치 하원의장이 현직 대통령인 클린턴을 마치 알카에다처럼 '문명의 적'이라 부른 것은 하나도 이상할 게 없었다.[22] 당시 미국 『네이션』 지의 조나단 셸은, 심지어 "아이젠하워보다도 더 보수적인 민주당 대통령"이라 할 만한 클린턴에 대한 공화당 주류의 극단적 거부감을 "이해할 수 없는 퍼즐"이라고 표현하기도 했다. 이는 마치 유사한 중도주의자이면서도 한국의 보수 진영에게 큰 위기감으로 다가왔던 '노무현 현상'의 퍼즐과도 유사하다. 사실 클린턴과 노무현은 보수 진영도 선뜻 시도하기 어려운 법인세 인하, 자유무역협정 등을 선도적으로 수행한 지도자였다는 공통점도 있다. 그런데도 미국과 한국의 극단적 보수 진영에게 자유주의 대통령은 여전히 '문명의 적'일 뿐이었다.

극단적 위기감에 휩싸인 공화당 주류는 긴즈버그Benjamin Ginsberg 등이 "다른 수단에 의한 정치(politics by other means)"라고 부른 정치 양식을 대대적으로 동원했다. 이 용어는 정상적인 선거 등의 유권자 검증 과정을 통해 상대 정치 세력을 패배시키기보다는, 선거 이전에 인사청문회 폭로전이나 법적 기소 등 다른 수단으로 정치적 타격을 가하는 것을 말한다. 이는 현대 미국 정치에서 공화당과 민주당 양당 내 온건파가 줄어들고, 당내의 이념적 결집과 정치 양극화가 심화됨에 따라 더 빈번하게 활용되었다.[23]

'문명의 적 클린턴'에 대한 극단적인 적대감은, 클린턴 집권기 중후반 신경제의 취약성이 본격적으로 드러나고 모니카 르윈스키 스캔들로 도덕성이 약화되면서 보수와 중도의 불안감이 커지는 것과 비례하여 더욱 증가했다. 당시 깅그리치 하원의장은 클린턴을 임기 내에 탄핵으로 끌어내리고 자신이 의원내각제의 총리가 될 것이라고 공언하기까지 했다.[24] 반면 전투적 자유주의자들은 '무브온Moveon'이라는 시민 정치 단체를 결성하여 '클린턴 구하기'운동을 전개했다. 미국은 점점 더 정치적으로 양극화되었다.

국제적으로도 월드트레이드센터 테러 및 중동 미군 기지 공격 사건들 때문에 미국의 취약성에 대한 불안감이 서서히 커지고 있었다. '아시아의 거인' 중국이 부상하면서 위기감이 팽배했고, 강한 달러 시스템은 이제 옛말일 뿐 중국 등의 자본 유입으로 미국은 볼모가 되어버렸다는 인식이 확산되었다. 전 지구적으로 시장주의적 통합의 역풍이 불어, 중부 유럽이나 남미, 중동 등지에서 미국의 지도력에 대한 도전들이 가시화되고 있었다. 더구나 그간 안락함을 누려온 석유 체제의 고갈 가능성과 안정적 수급의 불안 속에서 전방위적 불안감이 확산되었다. 이는 미국의 자유주의자들에게 좋지 못한 징후였다. 극단적인 불안감은 언제나 파시즘적 대응의 좋은 연료가 되기 때문이다.

전방위적 불안감은 결국 공화당 경향의 풀뿌리들이 대거 열정적으로 정치에 동원됨으로써 표면에 드러났다. 바야흐로 대중적 보수주의 시대를 맞아 민주당의 활력은 저하되고 운동은 침체되는 반면, 공화당 주도의 정치 양극화 시대가 개막되고 있었다.

정치 양극화와 당파적 대립주의

공화당의 전략가이자 텍사스 시절부터 부시 주지사의 파트너였던 칼 로브Karl Rove는 이러한 시대적 질서의 전환을 예리하게 통찰했다. 그는 일부의 비난을 무릅쓰고 중도주의 대신 정치 양극화 전략을 선택했다. 클린턴 시대의 상징이 마크 펜Mark Penn의 '위로부터의 마케팅'과 '점진주의 정책 노선'이었다면, 부시 시대의 상징은 칼 로브의 '아래로부터의 풀뿌리 동원'과 '당파적 대립의 정치주의'라 할 수 있다. 이 당파적 대립에는 오직 '우리 편 아니면 적'이라는 이분법만 존재했다. 그는 국내외 국정 운영 전반에서 백악관을 철저하게 당파적이고 정치주의적인 전략으로 이끌었다.

하지만 그토록 영향력이 컸던 로브조차도 애초에 지식인들, 특히 민주당 정치 평론가들의 조소거리였음을 기억할 필요가 있다. 특히 로브가 2000년, 2004년 대선에서 정치 양극화 전략으로 소위 '공화당 집토끼'를 중점으로 접근했을 때, 미국의 저명한 민주당 전략가들의 조소와 승리에의 기대감은 하늘을 찔렀다. 왜냐하면 앤써니 다운즈Anthony Downs의 유명한 이론이 말하듯이, 선거 정치에서 소위 '집토끼'를 넘어 중도가 분포하는 '산토끼'를 공략하는 것은 금과옥조였기 때문이다. 하지만 선거에서 굴욕을 당한 것은 로브가 아니라 그들이었다. 로브는 당시 미국의 시대정신과 정치 지형에서 중도층이 줄어들고 보수 풀뿌리를 중심으로 한 정치적 양극화 동원이 힘을 얻고 있음을 간파하고 있었다. 결국 2000년은 물론이고 2004년 선거에서도 민주당은 연이어 갈팡질팡하다가 패배에 이르렀고, 심지어 '불임 정당'의 가능성까지 거론되었다. 그에 따라 민주당 일각에서는 당시 공화당의 개혁 보수주의의 대표주자인 존 맥케인을 부통령 후보로 영입하자는 제안까지 나왔다.

양극화의 정치는 공화당을 더욱 철저한 극단주의 정치 세력으로 변신시켰다. 온건 공화당 진영은 극단적으로 소외되거나 정치적으로 무력화되었다. 예컨대 대표적 온건 공화당원이었던 링컨 새피Lincoln Chafee는 의회에서 따돌림을 당했고, 당내 예비선거에서 강경 우파의 강한 도전에 시달렸다. 당 지도부는 선거 패배 이후 그를 싸늘하게 외면했고, 반면 칼 로브의 원칙에 충실했던 릭 샌토럼Rick Santorum 등 주류 우파들이 지도부의 특별한 혜택과 지원을 받았다. 이는 마치 오늘날 공화당이 티파티Tea Party 같은 극단적 정치 세력에 의해 좌우되는 것과 유사한 현상이라 할 수 있다.

당파적 정치주의 추구의 한 예로 '로비스트 K 프로젝트'가 있다. 이는 전 하원 공화당 원내총무 탐 딜레이Tom DeLay가 명명한 것으로, 민주당을 로비스트 영역에서 몰아내고 공화당만의 리그를 만들어 자금줄을 장악하려는 시도였다. 이들은 정기적으로 회동하며 워싱턴을 영원히 공화당과 공화당 계열 이익 집단의 먹잇감으로 만들고자 노력했다.

부시 시대 주류 집단의 굳은 이념적 당파성은, 놀랍게도 전 세계에 신자유주의를 확산시킨 클린턴 자유주의 시대를 좌파로 보이게 만드는 착시 효과를 발휘했다. 그럴 수밖에 없는 것이, 현재 미국 보수주의 진영에서 '감세론'의 지도자 격인 노스퀴스트는 보수 대통령인 루즈벨트Theodore Roosevelt 시대를 '사회주의가 득세한 잃어버린 세월'이라 보고 그 이전의 초기 자본주의 체제를 이상적인 사회로 치켜세운다. 부시 정부는 이런 초기 미국의 극단적 보수 이념을 수용하여 상속세 폐지, 사회보장연금의 민영화 등을 추진하면서 미국을 뉴딜 이전으로 되돌리려다가 실패하고 여론의 역풍을 맞았다. 또 '필리버스터'라는 미국적 전통을 폐지하려는 시도는 여론의 심각한 반발을 불러일으켜 2006년 중간선거 대패의 한 요인으로 작용하기도 했다.

또한 이들의 퇴행적인 극단적 보수주의는 클린턴 정부의 금융자본주의를 더욱 극단적으로 추진하는 원동력이 되었다. 시장근본주의의 전도사인 그린스펀 연방준비제도이사회 의장도 여기 협력하여, 클린턴 정부의 기존 시장주의 기조를 더 극단적으로 밀고 나갔다. 부시 집권 후반기에는 다소 위험을 감지한 그린스펀이 반대하고 나섰음에도 멈추지 않았다. 그들은 계속 규제 완화를 추구했고, 그러면서 파멸의 구렁텅이로 돌진했다. 미국에서 견제와 균형의 건전한 시스템 중 하나인 증권거래위원회 등 중요한 견제 기구는 부시 행정부 기간 동안 따돌림을 당해야 했다. 증권거래위원회의 집행 예산을 축소하고 기업 처벌이 더욱 어려워지도록 규약을 고침으로써, 기관의 사기는 저하되고 조직 본연의 업무는 방기되었다.

당파성의 정치는 민권과 과학의 영역에도 어김없이 스며들었다. 때를 만난 기독교 보수주의의 지나친 정치화로 인해, 소수 그룹의 권리를 보호하기 위해 만들어진 민권부가 종교 단체의 복음화 노력을 지원하는 부서로 왜곡되어버렸다. 과학에 대한 종교주의적 정치 개입으로 보고서가 왜곡되고, 줄기세포 등 과학의 주요 영역에 대한 지원이 축소되거나 무력화되기도 했다.

이렇게 로브의 정치적 양극화 전략, 거친 당파성에 기초한 정치주의 전략은 9·11테러로 인한 보수화 분위기까지 겹치면서 수년간 재미를 보았지만, 결국 미국 보수의 대중성을 침식하고 건강성을 해쳐 부패하고 무능한 집단으로 전락하게 만들었다. 이는 이후 허리케인 카트리나의 재앙에 대처하는 과정에서 연고주의에 입각해 연방재난관리청장을 임명했음이 드러나면서 전면적으로 문제가 되어, 2006년 중간선거에서 공화당이 대패하는 요인으로 작용했다.

극단으로의 질주, 이라크 침공과 신냉전

통합보다 노골적 이념과 당파성을 앞세운 정치는 국내에만 국한되지 않았다. 사실 9·11테러가 일어나기 전까지는 소말리아 사태 당시 클린턴 행정부의 개입주의가 남긴 부작용들에 대한 반발 때문에 부시 행정부로서도 본격적인 이념적 패권 전략을 추구하기 어려웠다. 하지만 라이스 국가안보보좌관의 노골적인 표현처럼, 9·11테러는 그들에게 인생에 한 번 올까 말까 한 기회를 제공했다. 심지어 크리스토퍼 히친스Christopher Hitchens 같은 저명한 좌파 논객조차, '부시 행정부의 패권 전략은 과거 클린턴 행정부와 달리 문제를 정면 돌파하는 행동주의'라면서 지지를 표명해 큰 논란을 일으켰다. 크리스토퍼 히친스 같은 좌파 인사의 변신도 놀랍지만, 평소 미국의 장기적 국익에 대해 현실주의적 통찰력을 보여온 『뉴욕타임즈』의 칼럼니스트 토마스 프리드먼이 사실상 부시를 지지하고 나선 것도 놀라운 일이 아닐 수 없었다. 그는 자신의 칼럼에서 닉슨의 '광

▲ 9·11 테러 사흘 뒤, 부시는 월드트레이드센터가 있던 그라운드 제로에 작업복 차림으로 나타나 메가폰을 들고 "테러와의 전쟁"을 선포했다.

인 이론(Mad Man Theory)'처럼 미국이 예측 불가능하고 광적인 모습을 보여야 적대국들을 제압할 수 있다고 노골적으로 선언 하여 부시 노선에 대한 지지 의사를 내비쳤다.

히친스나 프리드만의 변신은 더 광범위한 유권자들 사이 에서도 감지되었다. 부시 시대에는 클린턴 시대의 '사커 맘 soccer mom(방과 후 아이의 축구 연습을 지켜볼 정도로 교육에 열성적인 엄마들)' 과 대비되는 '시큐리티 맘security mom(가족의 안전을 최우선으로 생각하 는 안전제일주의 엄마들)' 계층이 형성되어 부시 행정부의 견고한 지지 기반으로 작용했다. 이는 부시 시대를 단지 신보수주의 진영의 전횡으로만 규정할 수 없도록 하는 훨씬 더 폭넓은 합의가 존재했음을 보여준다.

그런데 그 와중에, 미국 역사상 가장 큰 실책 중 하나라 고 할 수 있는 이라크 침공이 결정되고 만다. 빈 라덴Osama bin Laden 제거와 직접적인 관련도 없었던 이 침공은, 건전한 보수 라면 결사반대하는 게 당연할 무모한 전쟁이었다. 그것은 클 린턴 시기의 봉쇄 노선을 통해 압박을 받고 있던 이라크를 영원히 베트남으로 전락시키는 것은 물론이고, 중동 지역 전 체에서 미국을 고립시키는 위험천만한 결정이었다. 하지만 브렌트 스코우크로프트Brent Scowcroft 같은 지혜로운 현실주의자 의 충고는 부시의 충성파 라이스에 의해 진압되었다. 또 다 른 현실주의자 콜린 파월Colin Luther Powell 국무장관은 침공의 속

▲ 이라크에 파견된 미군 부대. 전쟁은 끝났지만 아직도 5만여 병력이 그 땅에 남아 있다.

도를 잠시 늦췄을 뿐 다른 어떤 견제력도 발휘하지 못했다. 오히려 그는 조작된 대량살상무기 정보를 가지고 유엔을 설득하는 과정에서 평생 쌓아올린 품위와 명성에 오물만 뒤집어쓰고 말았다. 럼스펠드의 무모한 침공 전략을 비판한 신세키Eric Ken Shinseki 장군은 불명예 퇴역을 강요당했다. 헌팅턴Samuel Huntington, 후쿠야마Francis Fukuyama 등 영향력이 큰 보수 석학들이 뒤늦게 무모한 이라크 전쟁을 비판하고 나서긴 했지만, 이미 전쟁은 수렁에 빠진 뒤였다.

이라크 전쟁이 미국의 퇴조에 끼친 영향력은 이루 말할 수 없이 컸다. 전쟁은 클린턴 대통령이 자신의 진보적 지지 기반과 긴장 관계를 조성하면서까지 겨우 만들어낸 중도적 균형예산 기조를 허물고 천문학적 적자 재정을 발생시켜, 이후 경제 위기에 커다란 짐으로 작용했다. 예를 들어 2000년 4,330억 달러의 재정 흑자는 2004년에 벌써 3,680억 달러의 적자로 돌아섰다.[25] 경제 위기가 종료된 이후 어마어마한 인플레이션을 걱정해야 하는 오바마 정부이지만, 부시 행정부가 벌여놓은 일의 뒷감당을 위해 5만의 병력을 이라크에 남겨둔 것은 이후에도 엄청난 재정적 부담으로 작용할 것이다.

9·11테러에서 테러리스트들의 궁극적 성공은 어쩌면 미국의 상징적인 건물을 파괴했다는 것이 아닐지도 모른다. 레닌은 "테러는 오직 자신이 타도하고자 하는 적을 더 견고하

게 만들 뿐"이라고 말했지만, 레닌의 생각과 달리 이슬람 근본주의자들의 테러는 어떤 점에서 매우 성공적이었다. 즉 그들은 미국의 최첨단 건물을 무너뜨린 것이 아니라 미국의 가장 견고한 시스템인 견제와 균형의 민주주의를 무너뜨렸다. 이보다 더 미국의 국익에 해로운 것은 존재하지 않는다. 미국의 걸출한 냉전 전략가였던 조지 케넌George Kennan은 소련 등에 대한 봉쇄 조치를 제안하면서, 미국이 가장 조심해야 할 것은 이 냉전의 와중에 미국의 민주적 활력이 사라지는 것이라고 지적했다. 하지만 부시 행정부 기간은 클린턴 시기에 일어난 국내외적인 절차민주주의의 약화를 질적으로 뛰어넘어 '민주공화국의 파괴'라고 할 만한 초법적 조치들이 확대되는 과정이었다. 한국의 국가보안법보다도 무시무시한 '애국법(Patriot Act)' 제정은 시작에 불과했고, 도청 권한 등에서 견제와 균형을 무시한 제왕적 대통령제가 추진되었다. 고문의 합법화, 관타나모 기지 억류 및 고문 아웃소싱 등은 민주공화국에서는 있을 수 없는 일들이었다.

부시 정부는 또한 21세기적인 지구적 리더십을 행사하기보다, 거꾸로 전 세계에서 신냉전을 가속화시켰다. 군부의 반대까지 무릅쓰고 미군의 중앙아시아 주둔을 지지해준 푸틴은 부시 정부에게 먼저 친선의 손을 내밀었다.[26] 하지만 푸틴의 제스처는 철저히 무시되었고, 미국은 러시아 주변 국가

▲ 2001년 10월 26일, 부시는 미 애국법에 서명했다. 이 법은 테러 용의자를 추적하기 위해 수색 및 체포, 감금 또는 도청을 할 수 있는 무소불위의 권한을 연방 당국에 부여하는 것이었다. 부시는 "이 법은 테러리스트들이 공격하기 전에 사법 당국에서 이들을 식별하고 무장 해제하고 분쇄하고 처벌하는 데 도움이 될 것"이라고 말했다.

들을 친미 국가로 만들고자 했다. 이 때문에 극심한 안보 불안을 느낀 러시아는 결국 쿠바 등 남미와 긴밀한 협력을 강화했다. 냉전 당시의 쿠바 미사일 위기처럼, 미국 지도력의 심각한 위기가 재현되었다. 중국의 불안감도 러시아에 못지않았다. 중국은 미국의 중앙아시아 자원 점령이나 이라크 점령 정책을 중국에 대한 잠재적 협박 수단 확보라고 해석했다.[27] 그리하여 중국도 대륙 간 중장거리 미사일을 개발하고, 남미와 협력을 증가시켰으며, 러시아 등과 상하이 협력 기구(SCO)를 구성하며 미국을 견제하고자 했다. 또 아프리카에서의 제국적인 자원 외교는 미국의 협박으로부터 살아남기 위한 필사적 방어책이었다. 2005년 인도와 이란까지 옵저버로 참여한 중·러 합동 군사훈련은, 미국이 어떻게 자신을 지구적으로 고립시켰는지 가장 극적으로 보여준 장면이었다.

어차피 지구적 온난화 추세를 과학이 아닌 신화의 영역으로 간주했던 부시 정부였기에, 환경 차원에서는 미국에게 거의 어떤 리더십도 기대하기 어려웠다. 다만 지구적 리더십 행사라는 면에서 부시 정부의 공적은 아프리카 AIDS 지원 외교에서 보여준 것이 유일했다.

태풍이 드러낸 보수의 민낯

카트리나 사태는 부시 행정부의 국내외적 리더십 문제를

압축적으로 보여준 일종의 '소우주'에 비유될 만했다. 이 허리케인 피해에 대한 부시 행정부의 대응을 통해, 8년간 누적된 부시 행정부의 다양한 문제들을 한꺼번에 볼 수 있다. 일단 카트리나 사태는 석유회사와의 유착 및 난개발로 인한 지구 온난화가 야기한 재난이었다. 무리한 이라크 침공으로 인한 국내 사회적 안전망 지원의 결핍이 사태를 재앙으로 이끌었으며, 재난 해결 과정에서 연고자본주의 부패의 고리가 노출되었다. 능력이 아닌 정치적 논공행상에 따른 부실 인사(승마협회 회장이 재난 관리 수장으로 임명됨)가 문제를 키웠고, 슈퍼돔 이재민에 대한 극단적 무관심도 그대로 노출되었다. 기독교 근본주의 진영 일각이 카트리나 재난을 '음란한 도시에 대한 신의 형벌'로 간주한 것도 의미심장한 장면이다.

카트리나 사태는 결국 부시 정치 질서 붕괴의 신호탄이 되었다. 붕괴 추세는 더 이상 돌이킬 수 없는 흐름이 되었다. 미국의 여론조사 기관 조그비(Zogby International)는, 카트리나 이후 부시의 지지세는 결코 역전되지 못했고, 이는 2008년 오바마 승리에 결정적인 역할을 했다고 강조했다.

민주공화국의 기반이 취약한 한국의 극단적 보수주의 정부에서나 벌어질 것 같은 이 모든 어처구니없는 일들이, 도대체 어떻게 견제와 균형이 촘촘히 짜여진 '선진 사회' 미국에서 일어날 수 있었을까? 한국의 개혁적 지식인들은 민주

▲ 카트리나 태풍이 휩쓸고 지나간 뒤, 물에 잠긴 채 폐허가 된 루이지애나.

화 이후 어느 정도 궤도에 올랐다고 생각했던 한국 사회가 이명박 정부 시기에 보여준 극단적 탈선을 목격하며 큰 충격을 받았다. 하지만 그들은 중요한 사실을 놓치고 있었다. 한국 사회에서 견제와 균형의 공화주의적 시스템은 아직 견고하기 뿌리내리지도 못했고 극히 부분적인 것에 불과했다는 사실이다.

마찬가지로 미국의 견제와 균형 시스템도 사실 매우 취약한 것이었다. 그리고 클린턴 시기를 거치면서—물론 큰 성과도 있었지만—민주공화국의 불안정성이 심화되어온 과정이 있었다는 점을 주목해야 한다. 예를 들어 클린턴 대통령의 시장근본주의에 대한 순응은 결국 그 자신의 사회적 지지 기반을 침식했을 뿐만 아니라 전 지구적 역풍을 불러왔다. 모든 국민의 주택 소유를 약속했던 부시라는 '부자 민중 선동가'의 등장은, 클린턴 시대가 만들어놓은 토양 위에서 가능했다. 클린턴 시대가 야기한 중산층 주택 소유의 꿈은 더 극단적인 부시 시대의 '소유자 사회(Ownership Society)', 아메리칸 드림에 대한 환상으로 이어졌다. 미국 시민들이 부시를 선택한 것은 '부자'에 대한 꿈, 어떤 수단을 써서라도 안전해지겠다는 야비한 결의의 표현이었다. 부시 정부는 시민들의 이 숨겨진 야비한 결의를 정확히 읽어냈다. 그들은 고문 합법화 등 노골적인 어젠다로 시민들에게 답하면서, 이것이 당신들이 진정으로 원했던 것 아니냐고 묻기 시작했다. 하지만 중도적 시민들은 자신들을 대신해 야비한 결의를 충성스럽게 실천해나간 부시 정부 기간 동안 오히려 안전을 위협받으면서 자신들의 선한 영혼을 다시 떠올리게 되었다. 시대의 결이 다시 바뀌기 시작한 것이다.

사실 민주주의란 고정된 것이 아니라 언제나 해변가의 모래처럼 바닷물에 의해 새로이 경계가 만들어지는 불확정성의 산물이다. 레온 트로츠키의 '영구적 혁명'이라는 표현처럼, 영구적 혁신만이 민주주의를 지킬 유일한 보루라고 할 수 있다. 부시 시대를 거치면서 미국인들은 '미국인으로 살아가는 것'이 지긋지긋해졌다. 결국 그들은 2008년 선거 혁명을 통해 다시 견제와 균형의 민주공화국을 복원하는 꿈을 꾸기 시작했다.

부시의 유산과 미국의 미래

역사는 과연 모래시계 같은 것인가? 현재 미국에는 클린턴-부시로 이어져온 신자유주의와 당파성의 정치 질서를 종료하고 새로운 정치 질서를 만들어내리라 기대되었던 오바마에 대한 광범위한 실망감이 존재한다. 공화당은 이번 대선에도 초당적 협력과 통합의 정치를 내건 롬니를 후보로 내세웠다. 결국 오바마가 재선에 성공했지만, 당선 직후 정치 양극화의 반복적 패턴이 또다시 시작되고 있는 것도 '역사는 모래시계인가' 하는 질문을 떠올리게 한다. 이런 좌절감 속에서, 언제나 미국적 합리성의 위대함과 지혜를 설파해온 토마스 프리드먼은 극단적으로 비관적인 모드에 사로잡혀 중국공산당의 정치를 자조적으로 부러워하는 내용의 충격적인 칼럼을 쓰기도 했다. 그는 과거 부시의 강경 군사주의를 찬양했던 기억을 잊고 오바마에게 오직 국내 문제에만 집중하라는 고립주의적 노선을 충고하곤 한다.

거시적으로 보면 이런 징후는 퇴조기에 접어든 제국이 새로운 정치로 전환하고 적응하는 과정에서 빚어지는 '이행기의 좌충우돌'이다. 이행기의 지도자상은 부시 대통령 같은 이분법적이고 도덕주의적인 지도자일 수 없다. 부시의 리더십은 1980년대 레이건 보수주의 시대를 풍미했던 영화 〈슈퍼맨〉이나 〈람보〉를 연상시킨다. 하지만 21세기 리더의 유형은 오히려 영화 〈배트맨〉에 나오는 복잡하고 기이한 영웅 '다크 나이트'와 더 흡사할 것이다.

이 걸작에서 배트맨은 한편으로 선한 영웅이지만 다른 한편 대중에게 진실을 숨기는 어두운 괴물이기도 하다. 지금 미국이 맞고 있는 퇴조기이자 이행기의 지도자는 바로 그런 모순적이고 우울한 리더십을 요구받는다. 때로는 핵이 없는 세상을 꿈꾸는 이상주의자이면서, 동시에 타국의 주권을 거침없이 침해하여 잔인하게 빈 라덴 같은 테러리스트를 응징하는 괴물이 되어달라는 기대가 있는 것이다. 미국 국민들은 한때 부시라는 '괴물'에 의한 통치가 자신들을 구원할 거라고 믿었다가 그 참담한 대가에 후회했다. 뒤이어 오바마를 통해 '선한 이의 통치'가 자신들을 구원할 것을 믿었다가 기대치에 못 미친 실망감에 씁쓸해 하는 중이다.

오바마는 재선에 성공한 뒤 다시 통합과 변화를 말하고 있다. 하지만 2008년과 비교하여 이번 선거에서 오바마와 민주당에 대한 백인 남성층 지지율은 더 떨어졌다. 상·하원의 권력 분점 분포는 미국 사회의 양극화된 대립이 쉽게 해소되지 않을 것임을 예고해준다. 더구나 공화당의 차기 대선 유력 주자로 부상한 폴 라이언^{Paul Davis Ryan} 부통령 후보는 극단적 보수주의 정치 집단인 '티파티'의 아이콘이다. 아직 새로운 전환기에 적응하지 못한 공화당은 개혁 보수주의자인 테드 루즈벨트의 당이라기보다는 극단적 보수주의인 부시의 당이라고 할 수 있다. 국내적으로 오바마는 이런 양극화의 지형 속에서 타협과 극한대결이라는 선택 사이를 부단히 동요할 수밖에 없다. 국제적으로도 오바마 집권 2기는 결코 평화 대 전쟁의 이분법으로 설명하기 힘든 복합적 세상을 맞닥뜨려야 한다. 예를 들어, 그는 아시아에서 보다 공격적인 태도로 나오고 있는 중국에 대해 강력한 견제력을 발휘하면서 동시에 상호의존, 상호존중의 네트워크 체제를 구축해야 한다는 이중적이고 모순적인 과제에 직면해 있다. 수십 년이 지난 뒤 지금 이 시간들을 다시 돌이켜본다면, 미국인들은 이행기의 '다크 나이트'로서 리더가 지닌 곤혹스러움과 모순에 더 큰 공감과 연민을 느끼게 될지도 모르겠다.

안병진
경희사이버대 미국학과에 재직 중이다. 미국 정치를 전공했고, 최근의 관심 주제는 미국 문명의 퇴조이다. 대표 논저로 『클린턴과 노무현의 탄핵 정치학』 등이 있다.

주석

롤라 : 신자유주의 시대, 가난과 맞서 싸우다

01 Ricardo Antunes, *A Desertificação Neoliberal no Brasil(Collor, FHC e Lula)*, Campinas: Autores Associados, 2005, p. 72.

02 1994년 이타마르 프랑쿠 대통령 집권 당시 재무장관으로 있던 카르도주가 실시한 일련의 경제 안정화 정책. 공공 지출 삭감, 각종 조세 정책 개혁, 국영 기업의 민영화, 신 화폐 헤알(Real)화 도입과 달러 대비 1:1로의 연동 등을 주요 내용으로 했다.

03 브라질 지리 통계원(IBGE)의 2011년 자료.

04 이성형 편저, 『현대 브라질: 빛과 그림자』, 두솔, 2011, 129~130쪽.

05 2003년 롤라 정부가 들어서면서 기존의 각종 사회 프로그램들(교육 지원 제도, 가스 지원 제도, 식량 지원 제도 등)을 빈곤 퇴치 프로그램인 '기아 제로(Fome Zero)'와 통합한 일종의 빈민 계층 지원 프로그램이다. 2010년 현재 가족 구성원 1인당 월 소득이 140헤알 이하인 가정에 정부가 생계비를 현금으로 지원하는 것을 골자로 했다. 액수는 자녀의 수와 나이, 가족 전체의 소득 등에 따라 차등 지원되며(22~200헤알), 이 지원을 지속적으로 받으려면 해당 가정은 취학 자녀(6세~15세)의 학교 출석 85% 이상(15~17세는 75%) 증명서와 자녀의 백신 접종 증명서를 제출해야 한다. 이 프로그램은 연방정부가 강압적으로 실시하는 것이 아니라 주정부와 시정부들 가운데 희망하는 지역에 한하여 실시되었으며, 2단계 사업이 본격화된 2011년부터는 전국으로 확대되었다. 이 프로그램에는 여타 세부 프로그램들이 많이 포함되어 있는데, 사안에 따라 2010년 현재 브라질 전체 도시 5,500여 개 가운데 3000~4500여 도시가 참가하고 있다.

06 이 정책은 브라질리아대학교에서 먼저 시작되었는데, 이 정책의 추진을 두고 순수한 흑인도 백인도 없는 브라질에서 흑인에 대한

정의를 어떻게 하느냐 하는 문제와 여타 소수 민족에 대한 역차별
이라는 주장이 제기되기도 했다. 하지만 브라질 국민의 대다수는
이 정책에 대하여 찬성을 표했다.

07 1995년 당시 카르도주 대통령 시절 기아 퇴치를 위해 실시된 '결
속의 커뮤니티 프로그램(Programa Comunidade Solidária)'이 룰라가
집권한 2003년, '기아 제로(Fome Zero)'로 대체되었다. 이 프로그
램은 30여 개가 넘는 세부 프로그램들로 이루어져 있으며 저소득
국민에게 식량을 제공하는 것을 그 목적으로 한다.

08 브라질중앙은행(BCB), 2010(www.bcb.gov.br).

09 http://g1.globo.com/economia-e-negocios/noticia/2010/09/
banco-mundial-aprova-credito-de-us-200-mi-para-apoio-ao-
bolsa-familia.html(2012년 10월 16일 접속).

10 이성형 편, 『현대 브라질: 빛과 그림자』, 두솔, 2011, 15쪽.

11 Ali Kamel, *Dicionário Lula: Um presidente exposto por suas
próprias palavras*, Rio de Janeiro: Nova Fronteira, 2009, p. 16.

12 1989년 노동자당 소속의 올리비우 두트라(Olívio Dutra)가 시장으
로 있던 브라질 남부의 히우그란지두술주(州)의 수도 포르투알레
그리시(市)에서 처음 시작되었다. 이 정책은 주민들이 자신이 거주
하는 구역이나 시 전체의 사업에 대하여 포럼 등을 통해 논의한
뒤 우선적으로 필요한 사업의 순위 등을 정하고 예산 집행과 감독
까지 다양한 제도적 메커니즘을 통해 시정(市政)에 참여하고 감시
하는 직접민주주의의 한 유형으로서 캐나다의 토론토, 스페인의
바르셀로나, 벨기에의 브뤼셀 등에서도 이 제도를 본받아 시행 중
에 있다.

13 리차드 본 지음, 박원복 옮김, 『대통령의 길 룰라』, 글로연, 2012,
54쪽.

14 Thomas E. Skidmore, *O Brasil Visto de Fora*, Rio de Janeiro: Paz
e Terra, 1994, p. 73에서 재인용.

만델라 : '다수'가 아닌 '모두'를 위한 민주주의

01 *Jeun Afrique*, No. 1995, 6 Avril, 1999, p. 38.

02 이 장은 필자의 다음 글들에서 많은 부분을 정리하여 재작성했다. 이한규, 「관용과 화해의 리더십」, 『내일을 여는 역사』 30호, 2007; 「만델라의 정치적 리더십에 대한 고찰: 위기 상황의 대처 능력을 중심으로」, 『한국아프리카학회지』 35집, 2012; 「미국에 대해 'No'라고 말하는 아프리카의 지도자」, 송기도 외, 『미국 밖에서 새로운 질서를 찾는 지도자들』, 인물과 사상사, 2002.

03 넬슨 만델라 지음, 김대중 옮김, 『자유를 향한 머나먼 여정』, 서울: 아태평화출판사, 1995, 94쪽; 이한규, 「미국에 대해 'No'라고 말하는 아프리카의 지도자」, 인물과사상사, 2002, 19~60쪽.

04 만델라는 1952년 8월 시술루와 함께 요하네스버그 중심가에 변호사 사무실을 개업한다.

05 이한규, 「관용과 화해의 리더십」, 『내일을 여는 역사』 30호, 2007, 144쪽.

06 이한규, 「미국에 대해 'No'라고 말하는 아프리카의 지도자」, 송기도 외, 『미국 밖에서 새로운 질서를 찾는 지도자들』, 인물과 사상사, 2002, 46쪽.

07 김영수, 『화해는 용서보다 기억을 요구한다』, 동인, 2001, 26쪽.

08 Onana, Jean-Baptiste. "L'affirmative action: préférence ethnique ou discrimination à rebours?", Afrique contemporaine, No. 184, octobre-décembre 1997, p. 37. 1990년 이후 백인들이 매년 6,000여 명씩 남아공을 빠져나갔다. 1994년 당시 10,235명이던 해외 이주 인구가 1996년에는 12,000명으로 늘어나기도 했다.

09 남아공을 제외하고 대부분의 아프리카 국가들은 서구의 식민 지배로부터 독립했어도 식민 정부 아래서 형성되었던 조직과 제도를 그대로 인수받아 통치했다. 따라서 식민 지배로부터 독립은 했

지만 백인 통치자에서 아프리카 원주민-흑인, 혹은 백인(여기서 백인은 아랍 계통의 북아프리카인들을 말함)-통치자로 바뀌었을 뿐 정치·사회·경제적 구조의 완전한 변화를 의미하는 것은 아니었다.

10 http://segero.hufs.ac.kr/xe/?document_srl=1012&mid=g20_9&sort _index=readed_count&order_type=desc

11 자크 랑 지음, 윤은주 옮김, 『넬슨 만델라 평전』, 실천문학사, 2007, 335쪽.

12 Adam Habib, Visihnu Padayachee, "Afrique du sud: pouvoir, politique et stratégie économique dans la transition démocratique", *Revue Tiers Monde*, t. XL., No.159. juillet–septembre, p. 499.

13 Alain, Moyrand., "R flexions sur l'introduction de l' tat de droit en Afrique noire francophone", Revue internationale de droit compar , Vol. 43, No. 4, Octobre–d cembre, 1991, pp. 853~878.

14 남아공에는 1994년 4월 27일 잠정 헌법(the interim Constitution)이 발효되기 이전에 1910년, 1961년, 1983년에 헌법이 채택되었지만 절대적으로 백인들을 위한 법이었다.

15 1984년에는 백인으로 구성되는 하원, 유색인종을 대표하는 하원, 인도인을 대표하는 하원 등 3원적 입법부를 설립했지만 흑인은 여전히 제외되었다.

16 현재의 남아공 헌법은 1996년 10월 7일 제헌의회에서 통과되어 헌법재판소의 승인을 얻은 뒤 1997년 2월 4일부터 발효되었다.

17 Hart, Vivien, "Democratic Constitution Making: The South African Experience", *Issues of Democracy*, No. 1(March), 2004, pp. 3~32.

18 Kaputa José, *Identité africaine et Occidentalité*, Paris, L'Harmattan, 2006, p. 12.

19 국회도서관, 『세계의 헌법—35개국 헌법 전문』, 국회도서관, 2010.

20 Guy Martun, "L'affirmative action dans la fonction publique sud-africaine", *Revue Tiers-mond*, 1999, t. 40, No. 159, p. 628.

21 Alexis de Tocqueville, *La démocratie en Amérique*, Paris: Gallimard, 1968, p. 145.

22 기 에르메 지음, 임미경 옮김, 『민주주의로 가는 길』, 한울, 1998, 160쪽.

23 이한규, 「만델라의 정치적 리더십에 대한 고찰—위기 상황의 대처 능력을 중심으로」, 『한국아프리카학회지』 35집, 2012, 122쪽.

24 진화위는 1963년 3월 31일부터 1994년 5월 10일까지 있었던 인권 침해와 인권 유린을 대상으로 하였다. 1994년 4월부터 활동을 시작한 진화위는 총 160회 청문회를 실시하고, 2만여 명으로부터 입수한 증언을 분석·정리하여 약 3,500권 분량의 보고서를 1996년 12월 국회에 제출함으로써 3년간의 활동을 마감했다.

25 기 에르메 지음, 임미경 옮김, 『민주주의로 가는 길』, 한울, 1998, 159쪽.

26 진화위의 사회적 통합에 대한 분석에서 김광수는 성과만을 중시한 '권위적인 결과물'이라고 했으며(「남아프리카공화국의 문화적 정체성」, 『아프리카연구』 13집, 2001, 180쪽), 이한규는 시민들의 아픔이 정치적 관행 속에 묻혔다고 하였다. 이한규, 「만델라의 정치적 리더십에 대한 고찰: 위기 상황의 대처 능력을 중심으로」, 『한국아프리카학회지』 35집, 2012, 122쪽.

27 Stephen Ellis, "Vérité sans reconciliation en Afrique du Sud", *Critique internationale*, No. 5, automne, 1999, p. 126. 백인 정당 국민당과 흑인 극우 정당에서도 적지 않은 항의와 비난이 있었다.

28 최진, 『대통령 리더십』, 법문사, 2007, 199쪽.

29 남아공 의회 제도는 350명에서 450명 이하로 구성되는 전국의회(National Assemblt)와 9개 지방을 대표하는 90명의 지방평의회(National Council of Province)로 양원제를 채택하고 있다. 남아공의

의회 제도에 대해서는 김영수, 『화해는 용서보다 기억을 요구한
다』, 동인, 295~363쪽 참조

30 국민당은 만델라 신정부 내각에서 경제적으로 중요한 환경관광부,
광업부, 농산부의 각료 자리를 획득했다.

31 이한규, 「만델라의 정치적 리더십에 대한 고찰—위기 상황의 대처
능력을 중심으로」, 『한국아프리카학회지』 35집, 2012, 129쪽.

32 Cedley, Eric, "La démocratisation industrielle de la nouvelle
Afrique du Sud: acteur, institutions et dynamiques", *Revue Tiers-
monde*, 1999, t. 40, No. 159, p. 640.

33 Gervrais–Lamborny, Philippe, "Afrique du Sud, les temps du
changement", *Hérodote*, No. 111, 2003, p. 83.

34 T. Lodge, *Politics in South Africa, from mamdela to Mbeki, La
Cap*, James Currey, Oxford, 2002.

35 J. Copans & R. Meunier, "Introductin: les ambiguïtés de l'ère
Mandela", *Revue Tiers-monde*, 1999, t. 40, No. 159, p. 514.

36 Jean Copans & Roger Meunier, "Introduction: les ambiguïtés de
l'ère Mandela", *Revue Tiers-monde*, 1999, T. 40, No. 159, p. 527~
529.

37 기 에르메 지음, 임미경 옮김, 『민주주의로 가는 길』, 한울, 1998,
18쪽.

팔메 : 약자의 편에 선 비타협적 사민주의자

* 이 글은 팔메와 스웨덴 국내 정치에 초점을 맞추어, 외교적인 부분
은 다루지 않았다.

01 Ben Kendall, "So who do Swedes admire?", *Göteborg Daily*, 25
April 2012, accessed 31 August 2012, http://www.goteborgdaily.

se/news/so-who-do-swedes-admire.

02 Carl Dahlström, "Kjell Östberg: I takt med tiden." *Göteborgs-Posten*, 16 September 2009, Accessed 31 August 2012, http://www.gp.se/kulturnoje/1.139501-kjell-ostberg-i-takt-med-tiden.

03 Richard Reeves, "The Palme Obsession; The Murder Sweden Can't Forget or Solve," *New York Times*, 1 March 1987, Accessed 31 August 2012, http://www.nytimes.com/1987/03/01/ magazine/the-palme-obsession-the-murder-sweden-can-t-forget-or-solve.html?page wanted=all&src=pm.

04 GÖRAN ERIKSSON, "Renässans för Olof Palme", *Svsnska Dagbladet*, 28 February 2011, Accessed 31 December 2012, http://www.svd.se/nyheter/inrikes/renassans-for-olof-palme_5972 969.svd.

05 Henrik Berggren, 'Trollkarlens lärling', *Underbara dagar Framfor oss*, Norstedts, Stockholm, 2010, p. 232.

06 Gunnar Örn, "Nationalekonomins nestor bekänner färg", *Dagens Industri*, 12 August 2012, Accessed 31 Aug 2012, http://mobil.di.se/c.jsp;jsessionid=B884A00B500FA6369BF5D5929 0942D82.a ldo4?cid=25400741&articleId=299575.

07 David Frost, Video recording, The David Frost Show with Olof Palme, Episode#2.206, aired 15 June 1970(Recorded Mar 1969).

08 Timothy Tilton cited in 홍기빈, 「'좌선회'와 비그포르스」, 『비그포르스, 복지 국가와 잠정적 유토피아』, 책세상, 2011, 137쪽.

09 박현, 「보수당 집권 뒤에도 복지 모델 후퇴 안 해」, 『한겨레』 2011. 5. 12(2012년 8월 31일 확인, http://www.hani.co.kr/arti/SERIES/296/477757.html).

10 위의 글.

11 셰리 버먼 저, 김유진 역, 『정치가 우선한다』, 후마니타스, 2011,

148쪽.

12 Martin Linton, "Wage earner funds: a lesson, in socialism from Sweden", *Tribune Magazine*, 24 September 1982, Accessed 25 Aug 2012, http://archive.tribunemagazine.co.uk/article/24th-september-1982/19/wage-earner-funds-a-lesson-in-socialism-from.

13 Berggren, *op. cit.*, p. 233.

14 Dahlström, op. cit.

15 정혁준, 「매년 7월 첫째주 스웨덴 고틀란드섬… '정치인 만나는 자리' 북적」, 『한겨레』 2012. 7. 17(2012년 8월 31일 확인, http://www.hani.co.kr/arti/society/rights/542963.html).

16 Olof Palme, "Anförande vid Metallindustriarbetareförbundets kongress", Olof Palmes arkiv, p. 791, 11 June 1981, Accessed 25 Aug 2012, http://www.olofpalme.org/wp-content/dokument/810 611_metall_kongress.pdf.

17 하수정, 『스웨덴이 사랑한 정치인 올로프 팔메』, 폴리테이아, 2012, 100쪽.

18 Olof Palme, "Anförande vid Metallindustriarbetareförbundets congress", Olof Palmes arkiv, p.793, 11 June 1981, Accessed 25 Aug 2012, http://www.olofpalme.org/1981/06/11/anforande-vid-metalls-kongress/.

19 Olof Palme, "Ekonomisk demokrati och löntagarfonder", Olof Palmesarkiv, 25 September 1978, p.3, Accessed 25 Aug 2012, http://www.olofpalme.org/1978/09/25/ekonomisk-demokrati-och-lontagarfonder/.

20 Palme, *op. cit.*, "Anförande vid Metallindustriarbetareförbundets congress", p. 793.

21 Karl Polanyi, *The Great Transformation*, Boston: Beacon Press,

1944, p. 132.

22 Palme, *op. cit.*, "Anförande vid Metallindustriarbetareförbundets congress", pp. 788~789.

23 Olof Palme, "Employment and Welfare", The 1984 Jerry Wulf Memorial Lecture, The Labor and Worklife Program, Harvard Law School, 1984, p. 16.

24 Olof Palme, "Anförande i Rydöbruk Folkets hus", Olof Palmes arkiv, p.7, 17 Aug 1985, Accessed 25 Aug 2012, http://www.olofpalme.org/1985/08/.

25 Leon Wieseltier, "Washington Diarist: With Respect to What", *The New Republic*, 18 September 2009, Accessed 25 Aug 2012, http://www.tnr.com/article/politics/washington-diarist-respect-what#.

브란트 : 민주사회주의와 평화의 정치가

01 그 브란트 동상에 대해서는 "Interview mit Rainer Fetting", in Willy Brandt and Helge Bofinger and Dieter Ronte and Heinz Peter Schwerfel (ed.), *Willy Brandt. Die Skulptur von Rainer Fettig*, Berlin, 1966, pp. 33~78을 참조하라.

02 하지만 이 글은 그 질문에 즉답하지 않고 암시와 함축으로 대신한다. 중요한 것은 조각상이 아니라 실제 인물이기 때문이다.

03 브란트에 대해서는 이미 수많은 전기서가 출간 되어 있다. 가장 훌륭한 것으로는 Merseburger, *Willy Brandt 1913~1992. Visionär und Realist*, München, 2002; Einhart Lorenz, *Willy Brandt. Deutscher–Europäer–Weltbürger*, Stuugart, 2012; Carola Stern, *Willy Brandt*, Reinbek bei Hamburg, 2009이다. 국내에 번역된 그

레고어 쉴겐, 김현성 옮김, 『빌리 브란트』, 빗살무늬, 2003도 나쁘지는 않지만 여러모로 부족하다. 브란트의 자서전 세 권도 유익하다. *Begegnungen und Einsichten. Die Jahre 1960~1975*, Hamburg, 1976; *Links und frei. Mein Weg 1930~1950*, Hamburg, 1982; *Erinnerungen*, Frankfurt am Main, 1989. 브란트의 생애사를 가장 잘 압축적으로 정리한 것은 Einhart Lorenz, "Willy Brandt − Ein Portrait", in Friedhlem Boll and Krzysztof Ruchniewitz (ed.), *Nie mehr eine Politik über Polen hinweg. Willy Brandt und Polen. Willy- Brandt-Studien Bd. 4*, Bonn, 2010, pp. 28~43.

04 브란트에 대한 보수 언론들의 비방과 흑색 선전에 대해서는 Daniels Münkel, *Bemerkungen zu Willy Brandt*, Berlin 2005, pp. 211~235. 브란트의 선거 패배가 단순히 그 정치적 비방 공세 탓만은 아니지만 결정적 요인 중의 하나임은 분명하다. 그렇기에 브란트는 1965년 선거 패배 이후 크게 낙담했고, 다시는 총리 후보로 나서지 않겠다고 결심했다.

05 이 글은 브란트의 정치 신념과 활동, 이를테면 이미 국내에서도 잘 알려진 동방 정책 같은 특정 업적과 성취 과정을 종합적으로 다루고자 하지 않는다. 다만 최근의 연구 성과들에 의거해 정치 지도자로서의 리더십 문제에 초점을 맞춘다. 브란트가 생애 동안 남긴 연설문과 기고문을 비롯한 각종 서한과 사료들을 정리 편집한 『빌리 브란트. 베를린판 편찬서』 10권이 완간되었고, 그 편찬자료에 근거한 탁월한 연구들이 잇달아 발간됨으로써 이제 브란트 연구는 르네상스를 맞이했다. Helga Grebing and Gregor Schöllgen und Heinrich August Winkler (ed.), *Berliner Ausgabe*, Bde 10, Bonn, 2002~2009. 앞의 자료집 각권 '서론'들과 Bernd Rother (ed.), *Willy Brandt. Neue Fragen, neue Erkenntnisse*, Bonn, 2011과 Helga Grebing, *Willy Brandt: Der andere Deutsche*, München, 2008이 가장 유용하다.

06 Willy Brandt, "Arbituraufsatz", in ders., *Berliner Ausgabe Bd. 1. Hitler ist nicht Deutschland. Jugend in Lübeck—Exil in Norwegen*, Dokument Nr. 9, Bonn, 2002, p. 108.

07 Willy Brandt, "Rede anlässlich des 125. Gründungstages der Nürnberger SPD am 13. September 1991", in ders., *Berliner Ausgabe, Bd. 5. Die Partei der Freiheit. Willy Brandt und die SPD*, Dokument Nr. 109, Bonn, 2002, p. 483.

08 Helga Grebing, *Willy Brandt*, p. 126.

09 Helga Grebing, *Willy Brandt*, p. 126.

10 Willy Brandt, "Aus der Rede in der Evangelischen Akademie Tutzing am 7. März 1976", in ders., *Berliner Ausgabe Bd. 5*, Dokument Nr. 33, p. 196.

11 '급진주의자법령(Radikalenerlass)'은 1972년 브란트 연방 총리가 주지사들과 함께 연방의회에서 통과시킨 법령으로, 좌우 급진주의자들의 공무원 자격 박탈과 공무 영역으로의 취업 금지를 규정했다. 이는 사실상 당시 막 재건된 '독일공산당(Deutsche Kommunistische Partei: DKP)'을 겨냥한 반민주적 법률이었다. 1976년 사민당과 자민당 연정은 그 법을 폐기했다. 브란트도 나중에 그 법령 제정을 자신의 실수라고 인정했다. Gerard Braunthal, *Politische Loyalität und Öffentlicher Dienst: der Radikalenerlass von 1972 und die Folgen*, Marburg, 1992를 참조하라.

12 Helga Grebing, *Willy Brandt*, pp. 102~103.

13 브란트가 사민당 지도자로서 보인 정치 리더십은 Franz Walter, "Führungen in der Politik. Am Beispiel sozialdemokratischer Parteivorsitzender", in *Zeitschrift für Politikwissenschaft* 7 (1997), pp. 1287~1336; Daniela Münkel, *Bemerkungen zu Willy Brandt*, pp. 65~77; Helga Grebing, *Willy Brandt*, pp. 75~104를 참조하라.

14 다니엘라 뮌켈은 1960년대 중반 브란트의 당 대표 유임에 대

해 많은 당원들이 불편해 한 주요 이유 중 하나로, 브란트가 당시 아직 당원 대중들에게 충분히 수용되지 않은 '당의 현대화' 노선의 대표자로 여겨졌던 정황을 들고 있다. Daniela Münkel, *Bemerkungen zu Willy Brandt*, p. 67.

15 전후 사민당의 초대 당 대표 쿠르트 슈마허는 당내 이견과 불복종을 용납하지 않는 권위적인 지도자로 유명했고, 에리히 올렌하워는 당직자들과의 일체감이 높았으며 당조직 내 지지 기반이 튼튼했다.

16 Willy Brandt, *Begegnungen und Einsichten. Die Jahre 1960~1975*, Hamburg 1976, p. 303.

17 귀도 크놉 지음, 안병억 옮김, 『통일을 이룬 독일 총리들』, 한울, 2000, 206쪽.

18 Karsten Rudolph, "Einleitung", in *Willy Brandt, Berliner Ausgabe Bd. 5*, pp. 24~26; Daniela Münkel, *Bemerkungen zu Willy Brandt*, pp. 71~72; Helga Grebing, *Willy Brandt*, pp. 88~89.

19 브란트는 사민당 당원도 아니었고 오히려 보수/자유주의적 정치 지향을 가졌던 이제 갓 서른 살이 된 여성 언론인 마가리타 마티오포울로스(Margarita Mathiopoulos)를 당 대변인으로 발탁함으로써 자유주의적 지식인과 청년 세대 및 여성들에게 당의 흡인력을 높이려고 했다. 당내 저항은 아주 셌고 브란트도 보기 드물게 완강했다. 당은 곧 혼란에 빠졌다. 결국 브란트는 자신의 당 대표직 사임과 대변인 임명 철회로 사태를 수습했다. 이 과정에 대해서는 Peter Merseburger, *Willy Brandt 1913~1992*, pp. 799~801.

20 이를테면 브란트의 노벨상 수상에 대해 기민련/기사련 지지자들 중 단지 26%만이 환영했고, 나머지는 냉담하거나 화가 난다고 응답했다. Bernd Rother, "Willy Brandt", in Hans Kolft (ed.), *Friedenspolitik und Friedensforschung. Die Friedensnobelpreisträger aus Deutschland*, Berlin, 2011, p. 59.

21 Presse-und Informationsamt der Bundesregierung (ed.), *Friedensnobelpreis 1971 für Bundeskanzler Willy Brandt*, Bonn, 1971, p. 8.

22 Peter Bender, *Die "Neue Ostpolitik" und ihre Folgen. Vom Mauerbau bis zur Vereinigung*, München, 1995, p. 127.

23 Willy Brandt, *Menschenrechte mißhandelt und mißbraucht*, Reinbek bei Hamburg, 1987, p. 90.

24 Friedhelm Boll, "'Nie mehr eine Politik über Polen hinweg' Zur Bedeutung Willy Brandts für die deutsch-polnischen Beziehungen. Einleitung", in Friedhelm Boll and Krzysztof Ruchniewicz (ed.), *Nie mehr eine Politik über Polen hinweg. Willy Brandt und Polen. Willy-Brandt-Studien Bd. 4*, pp. 8~9.

25 이에 대해서는 M. Wolffsohn and Thomas Brechenmacher, *Denkmalsturz? Brandt Kniefall*, München, 2005; Peter Merseburger, *Willy Brandt 1913~1992*, pp. 613~616.

26 Willy Brandt, *Begegnugnen und Einsichten*, p. 525.

27 이에 대해서는 Jan Schönfelder and Rainer Erices, *Willy Brandt in Erfurt. Das erste deutsch-deutsche Gipfeltreffen 1970*, Berlin, 2010, pp. 202~208.

28 Willy Brandt, *Begegnugnen und Einsichten*, p. 491.

29 브란트를 '비전 제시자이면서 동시에 현실주의자'로 규정한 대표적인 저서는 Peter Merseburger, *Willy Brandt 1913~1992*이다. 브란트가 '비전 제시자(Visionär)인지에 대해서는 이견도 있다. 오랜 동료이자 참모였던 페터 글로츠는 브란트가 미래의 정치적 발전을 예감하거나 예언하기는커녕 너무도 신중하고 항상 애매모호하고 불명료하며, "커브길만 나타나면 항상 조심스럽게 차를 모는 노인" 같은 인물이라고 평가했다. 헬가 그레빙도 브란트를 '비전 제시자' 같은 식으로 단순 규정하는 것에 대해서는 비판적이다.

Helga Grebing, *Willy Brandt*, p. 13.

30 브란트의 '유럽중심주의' 극복에 대해서는 Willy Brandt, *Berliner Ausgabe, Bd. 8, Über Europa hinaus. Dritte Welt und Sozialistische Internationale*, Bonn, 2006 참조. 특히 Bernd Rother와 Wolfgang Schmidt의 서론(Einleitung)을 참조하라. 1980년 김대중이 전두환의 군부에 의해 사형선고를 받았을 때 브란트는 공개적으로 항의 서한을 보내며 구명운동을 벌이기도 했다. 이에 대해서는 위의 책, p. 38, pp. 315~316을 보라.

31 Daniel Friedrich Sturm, *Uneinig in die Einheit. Die Sozial-demokratie und die Vereinigung 'Deutschlands 1989/90'*, Bonn, 2006, pp. 195~253. 1989/90년 통일 문제에 대한 사민당 내 이견들에 대해서는 이동기, 「1989/90년 독일 통일 과정 시 서독 좌파의 비판과 대안들」, 『서양사연구』 43집, 2010. 11, 165~712쪽을 참조하라.

아타튀르크 : 공화국의 아버지, 혹은 계몽적 독재자

01 그의 본명은 무스타파이다. '케말'은 수학에 재능을 보였던 그에게 수학 교사가 '완벽함'이라는 의미에서 붙여준 별명이다. '아타튀르크'는 1934년 대국민의회가 무스타파 케말에게 부여한 경칭이다.

02 아타튀르크에 대한 관심이 일제강점기 이후 우리나라 지식인들 사이에서 꾸준했음에도 불구하고 그에 관한 본격적인 연구서나 평전은 아직 없다. 출판된 몇몇 저작들도 번역서가 대부분이다. 그 중 작년에 출간된 앤드류 망고의 평전이, 아타튀르크의 업적을 긍정적으로 부각시킨 기존 서술과는 달리, 그의 개인적인 약점은 물론 반대파들의 증언까지 상세하게 다룸으로써 아타튀르크를 다른 각도에서 조명할 수 있는 시각을 제공하고 있다. 한편 최근에 발

표된 크란 스벨의 「근현대 한국에서 케말 파샤의 정치가상과 그
추이―신문, 잡지의 보도를 중심으로」(서울대학교, 2012)는 비록 아
타튀르크에 대한 심층적인 연구논문은 아니지만 무스타파 케말에
대한 한국 언론 보도의 동향을 시대적 상황에 따라 살펴볼 수 있
어 흥미롭다.

03 아타튀르크주의의 핵심은 서구화를 목표로, 소수 민족으로 분리할
수 없는 국가의 일체성을 추구하고 이슬람 종교를 이용하여 정치
를 하지 않는다는 것이다. 이에 아타튀르크주의의 수호자로 자처
하는 군은 터키 국민을 분열시키는 쿠르드계 분리주의자와 이슬
람 세력의 정치화에 매우 민감하게 반응했다. 따라서 군은 국가의
안보가 위협을 받거나 세속주의에 반하는 이슬람 정치 세력이 있
다고 판단될 때는 정치에 개입했다. 하지만 그동안 몇 차례의 군
사 혁명과 정치 개입으로 터키군이 민주주의 발전을 저해했다는
비판도 없지 않다.

04 10개의 다른 언어와 6개의 종교를 가진 13개국과 국경을 맞대고
있는 터키의 주변 정세는 매우 불안정하며, 취약한 민주주의와 독
재 국가 등 다양한 성격의 국가로 둘러싸여 있다.

05 터키공화국 수립 이후 이슬람 보수주의는 세속주의를 지향하는
세력으로부터 항상 경계와 도전을 받아왔다. 이에 터키 정부는 이
슬람 보수 세력과 개혁 세력의 '공존'이라는 민주적 실험을 내내
진행 중이다. 그중에서도 세속주의 개혁 세력을 대표하는 군부 및
관료 집단과 보수주의 이슬람 세력 간의 갈등 구조를 해결하기 위
해 이슬람을 국가와 사회를 통합시켜주는 매개체로 활용하는 '튀
르크-이슬람 통합 정책'이 추구되었다. 다시 말해 경제적·군사적
으로는 서구주의를 추구하면서도 사회·문화적으로는 이슬람을 근
간으로 한 튀르크 민족주의를 추구하는 튀르크주의와 이슬람의
통합 사상이 정부 이념으로 자리잡으면서 구체화되었다. 이희철,
『문명의 교차로, 터키의 오늘』, 문학과지성사, 2012, 23~28쪽.

06 2008년에 Can Dündar 감독의 〈Mustafa〉가 개봉되었는데, 기존 작품들과 달리 아타튀르크의 나약하고 인간적인 면모를 조명함으로써 새로운 시각을 제공했다는 호평을 받았다.

07 무스타파 케말은 갈색 머리에 흰 피부, 푸른 눈을 가지고 있었기에 그리스나 알바니아계라는 소문에 시달렸고 심지어 유대인들이 많이 살았던 살로니카 출신이었기에 유대계라는 루머도 돌았다.

08 1908년 '청년 튀르크' 혁명가들이 압둘 하미드 2세의 독재를 무너뜨리고 1876년 유보된 헌법을 회복하여 의회 정치로 권력을 장악하려 했지만, 이러한 정치 실험은 오스만 영토들이 계속 떨어져 가면서 고전을 면치 못했다. 민간 정치인들이 1913년까지 국정을 담당했지만 그 후로는 청년 튀르크의 군사 독재 체제가 권력을 접수했다.

09 앤드류 망고 지음, 곽영환 옮김, 『무스타파 케말 아타튀르크』, 애플미디어, 2012, 97쪽.

10 도널드 쿼터트, 『오스만제국사—적응과 변화의 긴 여정, 1700~1922』, 사계절, 2008, 106~108쪽.

11 1921년 8월 23일부터 1921년 9월 13일까지 21일 동안 밤낮없이 교전이 이루어져, 세계 전쟁사 사상 가장 긴 전투로 기록되었다. 이 전투 이후 무스타파 케말은 대국민회의로부터 '가지(이슬람 전사)'라는 칭호를 부여받았다.

12 프랭크 타차우, 『인물로 읽는 세계사, 케말 파샤』, 대현, 1993, 95쪽.

13 결혼은 종교적 관습이 아닌 법적인 틀 속에서 공식적으로 인정·보호되었다. 남성에 의한 일방적인 이혼은 인정되지 않았으며, 반드시 법정의 결과에 따르도록 했다. 1930년에는 지방자치선거에서 여성들의 선거권과 피선거권이 인정되었고, 1934년에는 국회의원 선거권과 피선거권이 주어졌다. 1935년 총선에 처음으로 여성이 출마해 18명이 당선되었지만 실제로는 임명된 것이나 마

찬가지였다.

14 이러한 노력이 왜곡되어 수메르, 히타이트, 트로이 등 아나톨리아의 과거 역사를 튀르크족 민족사와 관련시키는 무리한 시도로 이어지기도 했다. 또한 터키어가 지구상 최초의 언어이며 다른 언어는 모두 터키어로부터 기원했다는 '태양 언어 이론'을 내세우며 터키어에 기원을 둔 외국어 단어를 수집하거나 순수 터키어를 만들어내는 데 몰두하기도 했다.

15 국가의 핵심 가치와 정체성을 바꾸는 극적인 개혁을 주도하며 이러한 의지를 표명하기 위해 1931년 공화국의 국가 이념으로 6개의 기본 원칙을 공표했다. 인민공화당의 붉은 깃발에는 이를 상징하는 여섯 개의 화살이 그려져 있다. 이 기본 원칙은 세속주의, 공화주의, 인민주의, 개혁주의, 민족주의, 국가주의로 집약될 수 있다. 이 원칙은 오늘날까지도 터키공화국의 근간을 이루는 중요한 이념이다.

16 앤드류 망고, 『무스타파 케말 아타튀르크』, 221쪽에서 재인용.

17 1924년 3월 4일 칼리프 압뒬 메지트가 추방된 뒤 황실 친인척 116명도 곧 추방되었다. 황실 여성들의 터키 방문 제한은 1952년 해제되었지만 남성들에게는 50년 만인 1974년에야 해제되었다.

18 독립재판소는 해산된 진보공화당 의원들과 무스타파 케말 진영에 합류하지 않고 독립전쟁 이후 갈라선 CUP 출신 멤버들을 주요 목표로 삼았다. 특히 독립재판소는 정부 전복이나 무스타파 케말 암살 시도 혐의로 기소된 인사들에게 가혹한 판결을 내렸는데, 사형을 선고받은 인물 중에는 판결이 내려질 때 법정에 없었기 때문에 자신들에게 사형선고가 내려진 줄도 모르고 있다가 한밤중에 교도소에서 끌려나와 처형된 이들도 있었다. 앤드류 망고, 『무스타파 케말 아타튀르크』, 383쪽, 404~408쪽, 483쪽.

19 "독재 정치를 했던 사람으로 역사에 기록되고 싶지 않았"던 무스타파 케말은 1930년 자유공화당의 창당을 독려했지만, 자유공화

당이 뜻밖에도 많은 인기를 끌자 결국 이 실험은 3개월 만에 중단되었고 전체주의적인 독재로 선회했다.

20 아타튀르크는 터키 땅에 사는 사람들은 모두 터키인이라며 소수민족의 존재를 인정하지 않았다. 그는 새롭게 건설된 터키공화국에 사는 다양한 민족을 모두 '터키인'으로 묶어 결집시키길 원했다. 따라서 '터키인이라 말하니 얼마나 행복한가!(Ne Mutlu Türküm Diyene!)'라는 구호 아래 터키 내 쿠르드인이나 아르메니아인들은 모두 터키인으로 살아야 했다.

21 그중 가장 유명한 것은 1927년 10월 15일부터 10월 20일까지 6일 동안 공화인민당 총회에서 진행한 연설이다. 이는 근대 터키 탄생의 역사이자 한 국가를 세우고 이를 구체화한 한 개인의 이야기였다. 이 연설은 이후 터키의 모든 학교에서 배우고 암기되었으며, 공공건물과 기념비에 새겨졌고 다양한 형태로 출간되었다. 또한 이 연설은 근대 터키 건국사와 그 건국자의 기념비적인 자료로서, 그리고 터키를 근대국가로 이끌려고 했던 그의 결심을 담은 웅변 자료로서 매우 유용하다. 앤드류 망고, 『무스타파 케말 아타튀르크』, 417~418쪽. 반대파들은 그가 자신의 동상을 세워 추종자들을 만든 것처럼 자신의 이야기를 신화로 다듬었으며, 이 연설이 변명과 옹호로 일관돼 있다고 비판한다. 실제로 그의 생애에 대해서는 사실과 전설을 구분하기가 쉽지 않다. 아타튀르크 자신이 그 전설의 주요 작가이기도 했으며 그가 말한 것들은 친구나 가족들에 의해 되풀이되면서 기정사실화되었다.

22 앤드류 망고, 『무스타파 케말 아타튀르크』, 서문.

23 무스타파 케말의 개인사 역시 평탄치 않았다. 1923년 1월 29일 42세라는 늦은 나이에 라티페 우샤키(Latife Uşşaki, 1898~1975)와 결혼했지만 그의 결혼 생활은 2년 만에 파탄을 맞았다. 이혼 후 13명의 자녀를 입양하여 가족을 이루었고 그의 곁은 항상 많은 사람들로 북적였지만 그는 고독한 삶을 보낸 듯하다. 평생을 제도 개

혁과 조국 근대화에 바친 그의 일상은 거의 일 중독에 가까웠고, 불규칙한 생활 습관과 정치적 스트레스를 해소하기 위해 즐겼던 과도한 음주 및 흡연 등은 그의 건강을 해친 일등공신이었다. 의료진의 권유에도 불구하고 그의 이런 생활 패턴은 계속되었고 굳이 자신의 사생활을 감추려 하지 않았다. 말년에 그는 일과 휴식을 구분하지 않았다. 정책은 식사 자리에서 결정되었고 쉴 때도 서류를 가져오라고 지시했으며 병중에도 수많은 행사에 참석하고 지방 순회에 나섰다. 결국 지병이 악화되어 그는 간경변으로 1938년 11월 10일 57세로 삶을 마감했다. 그는 전 재산을 공화인민당과 터키어학회 및 터키역사협회에 남겼다. 하지만 마지막 유언에서도 후계자에 대해서는 언급하지 않았다.

24 1951년 터키 국회는 제5816호 법을 통과시켰다. 이 법은 아타튀르크를 모욕하거나 그를 상징하는 물건 혹은 건물을 파손하는 행위에 대한 처벌을 담고 있다. 그러나 이 법은 어디까지를 비판으로 보고 어디까지를 모욕으로 보느냐에 대한 정치적 논쟁을 야기해 향후 많은 논란을 낳았다. 이 외에도 아타튀르크의 초상이 담긴 화폐의 발행이나 그의 시신을 안치한 장엄한 영묘 등이 그의 신격화를 보여주는 사례로 지적된다.

마르코스 : 국가 이익에 앞세운 개인의 욕망

* 이 글은 리더십 유형과 정치 행위자의 합리성 추구라는 관점을 새로 도입하여 분석의 틀로 삼고, 그에 대한 구체적인 설명은 필자가 이제까지 발표한 논문들에서 직·간접적으로 인용하고 요약하여 재정리한 글이다. 인용된 필자의 논문들은 박기덕, 「민주화 과정에서 미국 역할에 대한 국제 비교—한국과 필리핀을 중심으로」, 한국정치학회 주최 광주민주화운동 20주년 기념 '한국의 정

치 변동과 민주주의' 기획학술회의 발표논문, 2000. 5. 20; 박기덕, 「경제 위기와 민주주의—필리핀 민주화의 경우」, 『민주주의와 인권』, 2001년 창간호; 박기덕, 「필리핀 정당 체제의 변화와 정당 정치의 문제점」, 『동남아시아연구』 11-가을호, 2001; 박기덕, 「위기에 대한 필리핀의 대응과 정치적 선택—비효율과 부정부패를 중심으로」, 박사명 편, 『동남아의 경제 위기와 정치적 대응』, 폴리테이아, 2005; Park, KieDuck, "Fading Reformism in New Democracies: A Comparative Study of Regime Consolidation in Korea and the Philippines", Ph. D. diss., University of Chicago, 1993 등이다.

01 필리핀은 관광 국가로 유명하다. 하지만 관광 자원은 아름다운 해변과 다이빙 포인트 및 환락적 유흥업소가 전부다. 스페인 식민 통치 이전의 필리핀 사회가 '바랑가이(Barangay)'라는 일종의 부족 공동체로 분열되어 민족국가를 형성하지 못했고, 국가가 없었으니 강력한 리더십을 가진 통치자가 없어 기념비적인 역사유물을 건설할 수 없었기 때문이다.

02 박기덕, 「민주화 과정에서 미국 역할에 대한 국제 비교—한국과 필리핀을 중심으로」, 한국정치학회 주최 광주민주화운동 20주년 기념 '한국의 정치 변동과 민주주의' 기획학술회의 발표 논문, 서울 프레스센터, 2000년 5월 20일.

03 이 장의 주요 내용은 박기덕, 「위기에 대한 필리핀의 대응과 정치적 선택—비효율과 부정부패를 중심으로」, 박사명 편, 『동남아의 경제 위기와 정치적 대응』, 폴리테이아, 2005, 141~179쪽에서 요약, 인용 및 재서술한 것이다.

04 정당은 전국 차원이 아닌 주(province)와 군(municipality)의 엘리트와 추종자들의 연합체 형태로 조직되었다. 그래서 선거운동도 전국적인 경제·사회 이슈보다는 지도자의 품성이나 자질에 대해 시비하는 형태로 전개되었다. Manuel A. Caoili, "The Philippine

Congress and the Political Order", in Retano Velasco and Sylvano Mahiwo, eds., *The Philippine Legislature Reader*, Quezon City: Great Books publishers, 1989, p. 4.

05 Carl H. Landé and Allan J. Cigler, "Competition and Turnover in Philippine Congrssional Elections, 1907~1969", *Asian Survey* 19-10, 1979, pp. 15~16; James C. Scott, "Corruption, Machine Politics and Political Change", *American Political Science Review* 63–December, 1969, p. 1148.

06 1970년 의회에는 3,149개의 법안이 제출되었으나 52개만 의회를 통과했고, 그중에서도 4개는 대통령에 의해 거부되어 48개만 법률로 선포되었다. 법률 확정 비율은 1.7%에 불과했다. Robert B. Stauffer, *The Philippines Congress: Cases of Structural Change*, Bevery Hills: Sage, 1975, p. 18. 다른 연도 의회의 법률 확정 비율도 이와 비슷했다.

07 이 장의 주요 내용은 박기덕, 「경제 위기와 민주주의—필리핀 민주화의 경우」, 『민주주의와 인권』, 2001년 창간호를 요약·인용 또는 재서술한 것이다.

08 James D. Barber는 성품이 '긍정적'인가 '부정적'인가를 한 축에 놓고, 다른 한 축에는 행태가 '적극적'인가 '소극적'인가를 두어 2×2 행렬을 만들었다. 이것으로 미국 대통령들을 ① '긍정적-적극적', ② '긍정적-소극적', ③ '부정적-적극적', ④ '부정적-소극적'인 리더십 소유자로 분류했다. 물론 ① '긍정적-적극적' 리더십의 소유자가 가장 바람직한 지도자상이고, ③ '부정적-적극적'인 리더십의 소유자가 최악의 지도자상이다. James D. Barber, *The Presidential Character: Predicting Performance in the White House*, revised 4th ed. Englewood Cliffs, N.J.: Prentice–Hall, 2008.

09 Ferdinand E. Marcos, *The Democratic Revolution*, 3rd ed., Manila, 1977.

10 한국의 '10월유신' 출범 논리와 매우 유사하다.

11 군부의 역할이 거의 무한히 확대되었다. 국가 안보는 물론 사회 질서 유지, 학교 건설, 공공 사업 경영, 정보 통신 및 매스컴 통제·운영 등에도 직접 참여하게 되었다. Carolina G. Hernandez, "The Role of the Military in Contemporary Philippine Society", *The Diliman Review* 32–1(january–February), 1984.

12 한국의 중화학공업화 정책 추진과 같은 맥락에서 시도된 것이지만, 한국과 달리 필리핀은 그 실행 능력을 결여하여 처음부터 실현 불가능한 것이었다.

13 이 장의 내용은 필자의 학위논문 제2장에서 발췌 요약 또는 인용한 것이다. Park, Kie–Duck, "Fading Reformism in New Democracies: A Comparative Study of Regime Consolidation in Korea and the Philippines", Ph. D. diss., University of Chicago, 1993.

14 마르코스의 신사회운동당(KBL)은 1983년 정부 세입의 10%에 달하는 46억 페소를 선거 자금으로 탕진했다. *Far Eastern Economic Review*, 1984. 8. 30.

15 Ma. Serena I. Diokno, "Unity and Struggle", in Javate–de Dios, et als., eds., *Dictatorship and Revolution: Roots of People's Power*, Metro Manila: Conspectus Foundation, 1988.

16 이 경쟁과 집권 연합의 재편 과정에 대해서는 Park, Kie–Duck, "Fading Reformism in New Democracies: A Comparative Study of Regime Consolidation in Korea and the Philippines", Ph. D. diss., University of Chicago, 1993, pp. 205~214 참조.

부시 : 극단의 시대가 낳은 공포 정치

01 안병진, 「9·11 테러와 미국 국내외 정치 패러다임의 변화—예방 개념을 중심으로」, 『지구화 시대 맑스의 현재성』 2, 문화과학사, 2003.

02 Michael Hardt and Antonio Negri, *Empire*, London: Harvard University Press, 2001.

03 슬라보예 지젝, 『이라크』, 도서출판b, 2004.

04 안병진, 「9·11테러와 미국 국내외 정치 패러다임의 변화—예방 개념을 중심으로」, 『지구화 시대 맑스의 현재성』 2, 문화과학사, 2003.

05 Michael Hardt, Antonio Negri, *Empire*, London: Harvard University Press, 2001.

06 안병진, 「9·11테러와 미국의 외교 노선」, 『국제정치논총』 43집 4호, 한국국제정치학회, 2003.

07 클린턴 세력 내 동학은 주로 안병진, 「클린턴에서 오바마 시대로의 변화의 특징—정치 질서론의 시각에서」, 『동향과 전망』 76, 2009를 참조함.

08 안병진, 「클린턴에서 오바마 시대로의 변화의 특징」, 『동향과 전망』 76호, 2009.

09 위의 글.

10 최진봉, 『경향신문』 2008. 12. 23.

11 안병진, 「9·11테러와 미국 국내외 정치 패러다임의 변화—예방 개념을 중심으로」, 『지구화 시대 맑스의 현재성』 2, 문화과학사, 2003.

12 위의 글.

13 Krugman, *International Herald Tribune*, 2009. 12. 02(안병진, 「클린턴에서 오바마 시대로의 변화의 특징」, 『동향과 전망』 76호, 2009에서

재인용).

14 라구람 라잔 지음, 김민주·송희령 옮김, 『폴트 라인─보이지 않는 균열이 어떻게 세계 경제를 위협하는가』, 에코리브르, 2011, 79쪽.

15 안병진, 『노무현과 클린턴의 탄핵 정치학─미국적 정치의 시대와 민주주의의 미래』, 푸른길, 2004.

16 자크 사피르, 『제국은 무너졌다』, 책보세, 2009, 72쪽.

17 에이미 추아, 『제국의 미래』, 비아북, 2008.

18 안병진, 「9·11테러와 미국 국내외 정치 패러다임의 변화─예방 개념을 중심으로」, 『지구화 시대 맑스의 현재성』 2, 문화과학사, 2003.

19 위의 글.

20 자크 사피르, 『제국은 무너졌다』, 책보세, 2009, 16쪽.

21 안병진, 「9·11테러와 미국 국내외 정치 패러다임의 변화─예방 개념을 중심으로」, 『지구화 시대 맑스의 현재성』 2, 문화과학사, 2003.

22 안병진, 『노무현과 클린턴의 탄핵 정치학─미국적 정치의 시대와 민주주의의 미래』, 푸른길, 2004.

23 위의 책.

24 위의 책.

25 자크 사피르, 『제국은 무너졌다』, 책보세, 2009, 144쪽.

26 위의 책, 163쪽.

27 위의 책, 168쪽.

지도자들